刘亿君◎著

你比别人差的不是口才，而是

好好说话

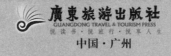

广东旅游出版社
GUANGDONG TRAVEL & TOURISM PRESS
悦读书·悦旅行·悦享人生
中国·广州

图书在版编目（CIP）数据

你比别人差的不是口才，而是好好说话 / 刘亿君著. — 广州：
广东旅游出版社，2019.8（2024.8重印）

ISBN 978-7-5570-1858-0

Ⅰ.①你… Ⅱ.①刘… Ⅲ.①语言艺术－通俗读物 Ⅳ.①H019-49

中国版本图书馆CIP数据核字（2019）第108876号

你比别人差的不是口才，而是好好说话

NI BI BIE REN CHA DE BU SHI KOU CAI，ER SHI HAO HAO SHUO HUA

出 版 人　刘志松
责任编辑　官 顺 何 方
责任技编　冼志良
责任校对　李瑞苑

广东旅游出版社出版发行

地　　址　广东省广州市荔湾区沙面北街71号首、二层
邮　　编　510130
电　　话　020-87347732（总编室）　020-87348887（销售热线）
投稿邮箱　2026542779@qq.com
印　　刷　三河市腾飞印务有限公司
　　　　　　（地址：三河市黄土庄镇小石庄村）
开　　本　710毫米×1000毫米 1/16
印　　张　13
字　　数　163千
版　　次　2019年8月第1版
印　　次　2024年8月第2次印刷
定　　价　58.00元

本书若有倒装、缺页影响阅读，请与承印厂联系调换，联系电话 0316-3153358

序　言

　　意大利诗人但丁有句名言："语言作为工具，对于我们之重要，正如骏马对骑士的重要，最好的骏马适合最好的骑士，最好的语言适合最好的思想。"由此可见语言的价值和重要性。语言的智慧是无穷的，语言的魅力是巨大的，而这种智慧和魅力需要人们通过好好说话表现出来。

　　现在既是一个自由开放的时代，又是一个相互合作的时代，更是一个沟通交流的时代。古人有言，"一言而兴邦，一言而丧邦"；而今天，好好说话作为一项必备的个人技能，其重要性已不言而喻，它对个人的成败荣辱和利害得失具有至关重要的作用。

　　在日常生活中，我们无时无刻不在与人沟通交流。乘车购票的时候与售票员说话；买东西的时候与售货员交流；回到家后与父母畅聊；工作的时候与同事对话……总之，生活中处处要说话，可是，你知道该怎样和别人好好说话吗？

　　相信你的回答是肯定的，但你忽略了，当你和别人说话的时候，为什么有的人会不喜欢，总要找个借口回避或者离开呢？

　　俗话说，世界上没有完全相同的两片叶子，也没有完全相同的两个人。

所以，不管是个人之间的沟通，还是企业与企业之间的沟通，都要讲究方式和方法，不可一概而论。只有学会了沟通方法，才能在与别人交流的时候游刃有余；只有学会了沟通方法，才能把自己的优势表现得淋漓尽致；只有学会了沟通方法，才能把有用的资源整合起来，使自己一步一步走向成功。

沟通，其实就是好好说话，它不仅是一种工具，更是一种能力。懂得沟通的人，纵然口若悬河、滔滔不绝，听者也不以为苦；纵然只言片语，也能绕梁三日。语言真是很神奇，一句话说得好，就可能福从口入；一句话说得不好，便可能祸从口出。一句话能化友为敌，引发一场争论甚至导致一场战争；一句话也能化敌为友，冰释前嫌，带来非凡的荣誉和事业的成功。

现代社会，高度竞争的复杂的人际关系、快节奏的学习和工作环境，要求我们拥有更加智慧、更锐气、更强调科学性与可操作性的"好好说话"之道。所以，本书希望通过介绍新鲜、有趣的说话技巧，激发读者思维、综合提升说话之道。

目　录

［第1章］表达到位：关键在于好好说话

　　好好说话的力量是巨大的，好好说话的智慧是无穷的。说话的背后，体现了一个人的品德、修养、才学。在沟通过程中，口才好总会受人欢迎、受人尊敬。可以这样说，沟通，就是好好说话。

[第2章] 至关重要：好好说话为你赢得好感

在沟通中，获得一个人的好感需要多久？其实，人们总是在最初接触的一刹那就会对对方产生大概的印象，而这直接决定了其对你的好感程度。所以，在最初接触的一刹那，你所说的每句话都是至关重要的。

[第3章] 合作双赢：好好说话能够促成合作

俗话说："单丝不成线，独木不成林。"我们生活在这个社会中，每天都要接触各种各样的人，在工作中也难免遇到要与他人合作、与他人共事的情况。在这时，好好说话的作用便体现了出来，而好好说话能够促成人与人之间的合作。

[第4章] 谈吐幽默：让你的话意味深长

　　幽默的人在社交中往往大受欢迎，最能聚集人脉的人常常就是颇具幽默感的人。可以说，幽默在交往中的作用是多方面的：幽默能处理那些用常规思维方式难以应付的问题，能巧妙地化解矛盾，可以表达自己的不满又不至于伤了和气，可以表现委婉含蓄又入木三分的讽刺，可以用来帮助自己摆脱窘迫等。

[第5章] 左右逢源：好好说话能推进和谐的人际关系

　　好好说话与人际关系两者相互促进、相互影响。能够与对方好好说话能赢得和谐的人际关系，而和谐的人际关系又使沟通更顺畅。相反，人际关系不好，会使沟通难以开展，而不恰当的沟通又会使人际关系变得更坏。

[第6章] 看人说话：先区分对象，再好好说话

要想说话，先要看准对象。如果时候不对，还是不说话的好。在家中，你要想和孩子好好说话，就要做到心平气和；破口大骂不但起不到任何教育意义，反倒会疏离了亲情。

[第7章] 峰回路转：好好说话助你摆脱困境

在生活中，人们的交谈就像一场博弈，可能前一秒还顺风顺水，下一刻就陷入了窘境。那么，遇到让你尴尬的问题和无礼的谈话时，你能否巧妙地应对呢？下面，我们就来学习如何通过好好说话摆脱困境。

[第 8 章] 真情实意：赞美的话要好好说

人人都喜欢被赞美。美国的社会活动家曾推出了一条原则："给人一个好名声"。如果你能以诚挚的敬意和真心实意的赞扬满足他人，那么他人可能会变得更愉快、更通情达理、更乐于协力合作。

[第 9 章] 委婉含蓄：批评的话要好好说

批评是我们常用的一种教育手段，但有些人的批评简直让他人无地自容，下不了台。其实，这种批评方式不但无法达到让他人改正错误的目的，还有碍于人际关系的畅通。既然如此，为何还要使用这种"残酷"的手段呢？在生活和工作中，我们不可能没有批评，但要学会巧妙地批评，让他人既能意识到自己的错误，又能尽快改正，同时也能理解你善意批评的意图，使他内心对你心存感激。

[第10章] 巧妙说"不"：拒绝的话要好好说

有个伟人说过，世间最难的事就在于对他人说"不"。在面对他人的要求时，我们常常会陷入两难的境地：如果拒绝他人，担心得罪对方，万一以后自己有事求人家，别人可能不给面子；答应了，就会违反自己的原则，使自己陷入左右为难的境地。其实，只要掌握了拒绝他人的说话艺术，就能避免这种两难境地，完美地把事情处理好。

[第 1 章]
表达到位：关键在于好好说话

　　好好说话的力量是巨大的，好好说话的智慧是无穷的。说话的背后，体现了一个人的品德、修养、才学。在沟通过程中，口才好总会受人欢迎、受人尊敬。可以这样说，沟通，就是好好说话。

好好说话，有效沟通很重要

不同的人有不同的观点，不同的组织有不同的理念，不同的国家有不同的文化。也正是由于这如此多的"不同"，矛盾和误会才不可避免地会产生。有效沟通能满足人们彼此交流的需要；有效沟通能让人们达成共识，更多地合作；有效沟通能获得有价值的信息，有利于把握所做事情的变化。聪明者总是用语言来化解隔阂、解决问题；愚蠢者总是挥舞着拳头，使矛盾激化。征服一个人，乃至于征服一群人，用的往往不是刀剑，而是好好说话。

老孙要去找总经理理论："我们虽然只是基层工人，但我们也是人，怎么能动不动就加班？连个加班费都没有！年终奖金也没有几个钱。"老孙出发之前，义愤填膺地对同事说："我要好好质问质问那个自以为是的总经理。"

"我姓孙，和总经理约好的。"老孙对总经理秘书说。

"嗯嗯，我知道的，总经理一直在等您，不过不巧，有位客户临时有急事找总经理，麻烦您稍等一下，"秘书客气地把老孙带到会客室，请他坐下，又堆上一脸笑，"您是喝咖啡还是喝茶？"

"我什么都不喝。"老孙小心翼翼地坐在大沙发上。

"总经理特别交代，如果您喝茶，一定要泡上好的龙井。"

"那就茶吧！"

不一会儿，秘书小姐端来了连着茶托盘的盖碗茶，又送上一碟小点心："您慢用，总经理马上过来。"

"我是老孙，你没有弄错吧？"

"当然没有弄错，您是公司的元老，总经理常常说你们最辛苦了，一般同事加班到8点，你们得忙到9点，他心里实在过意不去。"

正说着，总经理已经大跨步地走了过来，忙上前主动跟老孙握手："听说您有急事？不好意思，我来晚了。"

"其实，也……也……也没什么大不了的，几位工友叫我来看看总经理您……"

不知道为什么，老孙那一肚子不吐不快的怨气，一下子全不见了，临走还对总经理连声道："您辛苦，您辛苦，打扰了！"

通过秘书小姐的提前沟通，在总经理还没有出面的时候，问题就已经解决了一半。

实际上，在每个组织当中，都不免会出现争执，只要我们能善用沟通，彼此敞开心扉，即使对峙双方实力悬殊，通过好好说话一样能解决问题。

1942年，美英两国决定不开辟第二战场，转而开辟北非战场，即"火炬行动"。为了表示诚意，丘吉尔亲自到莫斯科与斯大林会谈。

斯大林严厉地质问道："据我所知，你们不想用大量的兵力来开辟第二战场，甚至也不愿意用6个师登陆了。"

"的确如此，斯大林阁下，"丘吉尔诚恳地说，"实际上，我们有足够的兵力登陆，但是我们觉得现在在欧洲开辟第二战场还不是时候，因为这有可能破坏我们明年的整个作战计划。战争是残酷的，不是儿戏，我们不能轻易做出某一决策。"

斯大林的脸色更难看了，厉声说："对不起，阁下，您的战争观与我的不同。在我看来，战争就是冒险，没有这种冒险的精神，何谈胜利？我真是不明白，你们为什么那么害怕德军呢？"气氛紧张起来。丘吉尔看到斯大林的态度如此坚决，为了打破令人窒息的气氛，只好转变话题，谈起对德国轰炸的问题。经过这番谈话后，紧张的气氛有所缓和，斯大林的脸上也出现了一丝笑意。

丘吉尔认为现在是说出英美两国商定的"火炬行动"的时候了，于是说："那么，尊敬的阁下，现在来谈谈法国登陆的事情吧，我是专门为这而来的。实际上，我认为法国并非是唯一的选择，我们和美国人制订了另外一个计划。美国总统罗斯福先生授权我把这个计划秘密地告诉您。"

斯大林看到丘吉尔一副神秘的表情，不禁对这个"火炬行动"产生了兴趣。丘吉尔简单地介绍了"火炬行动"的内容，斯大林还谈了他对这个计划的理解和意见，丘吉尔表示赞同。

此时，虽然斯大林对英美推迟在法国登陆的事情不悦，但是气氛已明显缓和了。丘吉尔继续说："我们还打算把英美联合空军调到苏联军队南翼，以支援苏军。"这次，斯大林的脸上才露出了满意的表情。至此，会谈已是云开雾散。

紧接着，丘吉尔顺水推舟，说道："现在我们三国已经建立联盟，我相信只要我们齐心协力，就一定能够取得胜利。"就这样，斯大林最终接受了"火炬行动"。丘吉尔见斯大林心情不错，随即说道："尊敬的阁下，您已经原谅了我吗？"斯大林哈哈一笑，说："这一切都已经过去了，过去的事情应该归于上帝。"

"一言而兴邦，一言而丧邦"。在解决国与国之间关系的外交领域，口才的重要作用主要体现在外交谈判以及化解经济、军事、贸易等重要冲突的外交斡旋中。对此，古今中外的远见卓识者和成功的政治家历来都给予了高度的重视，无不把高超的外交谈判和斡旋能力作为实现政治目标的首要手段。

这是一个沟通大行其道的时代，世界的主流是崇尚文明与发展，当强国企图吞并弱国，战争迫在眉睫的时候；当自己国家的尊严受到伤害，被人无礼践踏的时候；当国与国之间发生利益纠纷，矛盾即将激化的时候……不是用拳头解决问题，而是用舌头来化解危机。

言由心生，说话时要用点儿心理学

第二次世界大战期间，美国因为参战而必须动员大批青年服兵役，但多数美国青年过惯了舒适的生活，担心自己的生命会骤然消失，于是纷纷抵制美国五角大楼发出的征召令。其中，俄亥俄州的地方行政长官已经是因此第五次被参谋长联席会议主席训斥得灰头土脸。

他表示，他已经说得口干舌燥，却仍然无法说服那些懦弱且意见纷杂的青年。正当他焦头烂额时，有人向他介绍了一位大名鼎鼎的心理学家。

这位心理学家经过一番精心准备后，信心十足地来到募兵现场。当他面对台下东张西望的青年们时，先沉默了五分钟，然后用浑厚的男中音开始进行演讲：

"亲爱的孩子们，我和你们一样，特别珍惜自己的生命。"

青年们见他颇有学者风度，说话又如此平易近人，便安静下来，开始聆听。

"首先我想说的是，热爱生命是无罪的，因为我们每个人都只有一次生命。凭良心说，我同样反对战争、恐惧死亡，如果要求我到前线去，我也会和大家一样想逃避这项命令。

"但是，我也存在另外一种侥幸心理：假如我服兵役，可能只有一半的概率会上前线作战，因为也有可能会留在后方；即使上了前线，我作战的可能性同样也只有一半，因为说不定我会成为某长官的左右手而留在安全地区。

万一我不幸必须扛起枪，受伤的可能性仍然只有一半；即使不幸挂彩，如果只是轻伤也不至于受到死神的召唤，因此，我实在没有担忧的理由。如果是重伤，在医生的帮助下也有可能逃离地狱的鬼门关。就算真的运气不好，如果我不幸为国捐躯，亲人和朋友也将为我感到骄傲，我的父母不但会得到一枚最高勋章，还能得到一笔数量可观的抚恤金和保险金；邻居的小孩子们会以我为英雄，把我当成偶像来崇拜。而我，一位伟大的战士也会进入天堂，来到慈祥的天父身边，说不定还会见到万人敬仰的华盛顿将军。"

听完这段演讲，本来极力抗拒上战场的青年们纷纷表示愿意试一试。

就这样，心理学家的一番话，攻破了青年们的心理防线，使他们成功地被说服。

如果你在与人谈话的过程中，一味地坚持自己的主张和观点，试图让自己彻底击溃对方而占得上风，那对方反而会加强防范、顽固对抗，结果就会适得其反。

这时，你要先顺应对方的意思，肯定对方的想法，再有意无意地以伪装过的说法表达自己想说的话，才不会让对方发现你的真实意图。

口才是学识、才干和智慧的重要标志，是想象力、创新力、应变力及人际交往能力的综合表现。口才好，会受人欢迎、受人敬佩，而是否懂得如何好好说话，是决定了你人生成败的关键。

社交恐惧吗？用沟通战胜它

我们与人交往时，说话的内容固然重要，但别人对你的评价如何，你给别人的印象是好是坏，是由你的语言表达方式决定的。

因此，可以肯定地说，在社会交往中，说话方法是交流沟通中至关重要的一个环节。

有时候，谈话的重点会在我们轻松自在的对话中明显地表达出来；有时候，我们平和的心态，会留给对方深刻的印象；有时候，我们怒气冲冲地与人讲话，也能获得别人的好感；甚至有时候我们与人说话时漫不经心，却依然能够表达清楚自己要讲的意思。

这是为什么呢？这是因为在不同心态下用不同的表达方式，让我们把该强调的重点充分地表达了出来。

当然，在与他人说话的时候，始终保持一份好的心情，肯定能加深别人对我们的好感；反之，说话时装模作样、自命不凡、优越感太强的人，不会得到别人的认同，朋友也会离他们越来越远。

说话要做到条理分明，因为关乎你的工作能力、教育程度、知识水平、兴趣爱好、审美追求等许多方面的情况，都是通过你的言谈表现出来的。一个说话东拉西扯且没有层次的人，很难让人相信他的能力水平和品位追求有多高。

所以，一个人说话不能掌握正确的方法，不能强调重点，言语没有分寸，他的社交活动肯定劳而无获。

任教于美国明尼苏达教育学院的一位教授，曾要求参加一次研讨会的75位来宾分别写下自己焦虑不安的原因。

结果，令这些来宾焦虑不安的主要原因有如下几点：

"当我还没有讲完话的时候，其他的人已开始发表自己的意见，使得我的陈述被打断。"

"不听别人讲话，自己一味地说。"

"在讨论会上，他人只想发表意见，而忽视我的言论。"

"说话时有被人轻视的感觉。"

"话讲到一半，忽然被人打断。"

"怕讲不明白。"

"怕没讲明白。"

"不知对方是否在认真听。"

"自己讲话过于片面。"

"话讲到一半便失去了兴趣。"

"对方无故沉默。"

……

那么我们在人际交往中，是否也犯过上述这些毛病，是否也因此而无意地伤害过他人呢？

现在，请你用下面这些题目来检测一下自己说话方面的问题。

1.开始与别人交谈时，会希望别人快点说完吗？

2.和不熟悉的人说话时，会觉得不知道说什么吗？

3.与对方交谈时，你还会想其他事情吗？

4.是否经常有找不到话题的时候？

5.不喜欢别人为你介绍陌生人吗？

6.是否经常会有想不出好措辞的时候？

7.是否常常想打断对方的谈话？

8.即使和亲朋好友谈话，也会有没有话题可聊的时候吗？

9.当你讲话时，是否感觉到其他人坐立不安？

10.对方是否常常会打断你的谈话？

11.与人交谈时，争执的情形多吗？

12.你觉得用家常话会很难和别人交谈吗？

13.是否觉得自己不懂得幽默？

14.在会谈的时候，你是否觉得该提早结束比较好？

15.是否常常请求对方尽快说明情况？

16.是否一讲起来就没完没了？

17.常想教导别人吗？

18.是否时刻在维护自己的形象？

以上这些问题，如果你有7个以上的回答是"是"，那么你就要注意说话的技巧了。掌握正确的说话方法，能使我们判断出自己的想法是否合乎情理，同时也能让别人对我们有一个正确的评价，长此以往，自然能给他人留下好的印象。

回应共情，好好说话的方式与礼仪

与人说话就是在交流思想、交流情感、交流经验，双方你来我往，彼此回应；而共情通常是在人与人交往中，产生的一种积极的感觉能力。好好说话，更要好好对话，做到有回应、有反馈、有思考，让谈话变得愉快，也让对方乐于与你说话。

1. 不要把别人当"机器人"

不要以为他人是机器人，可以由你想怎样操纵就怎样操纵。只有学会尊重他人，意识到对方也拥有充分的潜能，能够从他人的角度理解问题，才会实现真正意义上的沟通。

永远没有完美的技巧，但经由技巧却会有完美的结果。这也是果实优于枝条的道理。

沟通是彼此的事，一个巴掌拍不响。当你运用技巧时，别人也会运用技巧。当然，沟通是有目标的，你能使自己的愿望处于优势，并且尽可能达到这个对自己有利的结果。但这多少有些一厢情愿，因为别人也在运用技巧，彼此力量的消长有一个合适的中点，那是双方都能接受的结果。沟通能达到这个目的，双方都会满意。虽然这个结果与你渴望的结果有些差别，但也要坦然接受。

2. 尽量多采用含蓄的暗示方法

既然他人不是机器人，他人理所当然要受到你的尊重。而尊重他人的妙招：暗示，是其中的一个。暗示就是为了保全他人尊严，采取的一种比较含蓄的不直接指责他人的方法，也就是间接地让他人做出你希望其做的事。

暗示能成为他人行动的动力，他们在接受暗示时，已经感到了受尊重的意味，就会主动帮你达到你想要的结果。暗示能让他人心甘情愿地和你顺畅沟通。

3. 运用漂亮的语法

世上每种语言都有其特殊的美，当然，语言之美离不开漂亮的语法的点缀。沟通也是一种语言交流，漂亮语法运用得当，会助你实现有效沟通。

漂亮语法绝不是指滥用形容词之类的肤浅修饰，而是把各种词语巧妙地运用在沟通中，为你的交谈助力。

使用"然后……""这时……"等语法能给他人有序、流畅之感，他们就容易顺应你的思路，起承转合之间，让沟通趋向圆融。使用"因为……""所以……"等语法，则给他人逻辑缜密、道理深刻的感觉，他们就容易信服，毕竟谁愿意和一塌糊涂、不讲理的家伙打交道呢？

语法是有玄机的，成功地运用有玄机的语法就会产生漂亮的语法。在运用漂亮语法时，首先要尊重对方的态度，然后说出自己的要求，只要使用语法得当，对方也能接受你的观点和建议，并愿意合作。

4. 移动他人的观点

在沟通时，接纳对方的观点，然后再削弱他们的观点，是尊重他们的好办法。在生活中，他人的观点多种多样，纷繁复杂地围绕在我们周围。这些观点有的容易理解，也有的令人摸不着头脑难以把握。这些观点是容易冲突的，沟通时不要直接否定对方的观点，只能悄无声息地移动他们的观点，让它靠拢我们的人生观。记住，移动，不是改变。

5. 运用动作进行暗示

我们的肢体语言是很丰富的，各种经意或不经意的动作很容易暴露我们真实的内心世界。同样，他人的动作也会泄密。所以，在沟通中，我们对他人的动作是很敏感的。

在与他人交谈时，如果你做侧头深思的动作，你的肢体语言就告诉对方，对这个问题你有疑问，这比直接打断他人的话语更有效，不至于直接和对方对抗。他们一定会问："有什么不懂吗？"这种由他人自己中断交流的方式，能有效地保证他人自尊心不受伤害。

如果想中断谈话，并急于离开去做别的，你可以不停地看手表。手表有时候就是心理时间的外壳。这时，他们会问："有事吗？你可以先走。"你就能借此很有礼貌地全身而退。

肢体语言的运用，很讲究空间。在宽敞的房间里交谈，彼此能做到公平。但要达到亲密关系的程度，还是狭窄的房间为好。谈话时，中间不隔着桌子，气氛会更融洽。距离上的靠近，也会造成精神上的靠近。

肢体语言也能保全自己的尊严。迟到时，气喘吁吁地赶来的样子，能让他人容易原谅你的迟到行为。

6. 乔装弱者

世上有很多人喜欢表现自己的力量和能耐，在他们的眼中，他人总不如自己。这种人可能令我们生厌，但我们要利用他们的这一特征。他们喜欢表现就给他们表现的机会。

最简单的办法就是，在他们面前故意表现得笨手笨脚，他们会冷哼一声走过来说："真是差劲，让我来！"于是，他们就自己动手做起来。这个方法孩子都会用，何况成人。

最聪明的办法是询问，虚心地求教，他人怎么会不理睬呢？说不定，他们一边做，还一边教你怎样做呢。

7. 注意谈话时的礼节

适当的礼节，不仅对于人与人之间的交往是十分重要的，而且在谈话中，它也起着不可忽视的作用。因此，一个有经验的谈话者总是保持着恰如其分的礼节。

（1）谈话的表情要自然，语气和气亲切，表达得体。说话时可适当地做些手势，但动作不要过大，更不要手舞足蹈，或者用手指指着他人。在与他人谈话时，不宜与对方离得太远，但也不要离得太近，不要拉拉扯扯、拍拍打打。谈话时，不要唾沫四溅。

（2）参与别人的谈话，要先打招呼，别人在进行个别谈话时，不要凑前旁听。若有事想与他们说，要等他们说完。有人与我们主动说话时，要乐于与其交谈。第三者参与谈话，要以握手、点头或微笑表示欢迎。发现有人欲与我们谈话，要主动询问。谈话中，遇有急事需要处理或要离开，要向对方打招呼，表示歉意。

（3）谈话现场超过三人时，要不时地与在场的其他人都谈几句，不要只与一两个人说话而不理会在场的其他人，也不要与他人只谈两个人知道的事情而冷落第三者。如所谈的问题不便让旁人知道，则要另找场合。

（4）在交际场合，我们在讲话时，也要给别人发表意见的机会。要善于聆听对方的谈话，不轻易打断他们的发言。一般不提与谈话内容无关的问题。如对方谈到一些不便谈论的问题，不要对此轻易表态，但可以转移话题。在相互交谈时，目光要注视对方，以示专心。对方发言时，不要左顾右盼，心不在焉，或者注视别处，显出不耐烦的样子；也不要总是看手表，或做出伸懒腰、玩东西等漫不经心的动作。

（5）注意谈话内容，尽量不要涉及疾病、死亡等事例，更不能谈一些荒诞离奇、耸人听闻或者黄色淫秽的事情。一般不要询问女士的年龄、婚姻状况。所谓"见了男士不问钱，见了女士不问年"是也。不要径直询问对方的履历、工资收入、家庭财产、首饰价格等私人生活方面的问题。与女士谈话时，不要说她们长得胖、身体壮、保养得不好等，也不要究根问底。如果无意中提到对方反感的问题，要表示歉意，或立即转移话题。

（6）男士一般不要打扰或参与女性圈内的议论，也不要与女士无休止地攀谈而引起旁人的反感注目。与女士谈话更要谦让、谨慎，不与之开有伤大雅的玩笑，争论问题要有节制。

（7）谈话中要使用礼貌语言，如：你好、请、谢谢、对不起、再见等。在社交场合中的谈话，一般不要过多纠缠，不高声辩论，更不能恶语伤人，或者出言不逊。即使争吵起来，也不要斥责，不讥讽辱骂对方，最后还要握手而别。

察言观色，让你的话直击人心

心有所思，口有所言。通过语言这个窗口，我们能窥视他人的内心世界，而社交正是在不同思想的支配下的语言交锋。因此，通过语言把握对方思想活动的脉搏，自然是获取人际交往胜利的关键。与察言同样重要的还有观色，考察对方的神态举止，有时能捕捉到比语言表露得更为真实的微妙思想。因为许多神态举止的变化都是下意识的。在某一瞬间，它们可能完全不受主观意识的控制。

心理学研究证明，外界事物对人大脑的刺激，通常会使人体内部某些相应组织的机能在一个短时间内出现异常现象。也就是说，人的喜怒哀乐，不仅是通过口头语言，在更多情况下是通过人的肌体来表现的。

另一方面，由于个性差异，每个人的思想和感情的流露，又多包含在一种与众不同的习惯性动作、神态中。在论辩过程中，善于从两方面洞察对方，那么，就成功了一半。尽管心理学为我们揭示了人的思想感情活动在人的肌体上的一般特征，但是，仅仅了解这一点，就想在社交中准确无误地把握对方的意图，显然是不够的。应该看到，人不仅具有自然属性，而且具有社会属性。表现之一，就是人具有一种自控能力，即对言谈举止的制约和支配，这种能力对于那些政治家、外交家和社交人员而言尤为重要。

1. 含而不露

社交活动是唇枪舌剑的较量，一般来说论辩双方出现起伏不定的情绪是很自然的，但是对于某些经验丰富的人来说，却能自始至终地保持着一种镇定自若、温文尔雅的姿态，看上去既不激动，也不冷漠，而是彬彬有礼。你不能说他们对你的问题或陈述不感兴趣，可你又看不出他们真正的兴趣所在。当你讲话时，他们可能笑容可掬地看着你，给你一种好感，而心里却在想着另一个问题。

在社交中，我们不能轻易地认为表情温顺的人就是一个好人，而要看到他的另一面。我们也不能轻易地认为表情生硬的人就不怀好意，而要看到他们善良的一面。总的来说，一个人的表与里既是统一的，又是矛盾的。这一点，我们不能忽视。

2. 欲藏故露

就一般情况而论，社交双方总是要尽力克制和掩盖自己情感的外露，给对方的印象越是神秘莫测，成功的可能性就越大。

实际上，任何人的言谈都不可能毫无破绽，绝对无懈可击也是不可能的。有人会利用对方的心理，采用欲藏故露的方法，打一场主动的防御战。你不是在捕捉他神情的变化吗？他索性逆水行舟，把那些按常理本应加以掩饰的神态，赤裸裸地呈现在你的面前，把你推向一种惊异、迷惑、犹豫不决的境地，使你无论如何也不敢相信这一切竟是那样千真万确。

3. 察言观色

人们的言与色有时是简单外露的，对它的体察是容易的；有时是复杂隐蔽的，对它的体察就比较困难。一般来说，要注意以下几点：

（1）性格定向和语言定位。社交中的察言观色，说到底是对对方言谈举止、神态表情的微妙变化及其含义进行捕捉和判断，是一个"由表及里"的过程。

性格定向和语言定位，是这个过程的第一步。

性格定向就是通过对他人表情、言语、举止的观察分析，掌握其性格类型。你可以甩出一两个对方很敏感的问题，静观一下他们的反应方式和关注度。值得注意的是，这种观察一定要细致入微，千万不要因为对方看上去似乎毫无反应，就断定他对你的问题不敏感。就如看了悲剧，有人流泪，有人木然，你不能说木然的人就没有被感动。在摸透了对方性格类型以后，就要设法捕捉最能反映他思想活动的典型动作和典型部位，也就是"语言点的定位"。眼、手、腿、脚，甚至身体每一个部位的肌肉，都可能是"语言点"的所在。

　　有些现象的含义，我们是很清楚的。如腿的轻颤，多是心情悠然的表现；双眉倒竖，二目圆睁，是愤怒的特征；而微蹙眉头，轻咬嘴唇，则是思索的含义。另外，还要特别注意对方的手，尽管他们能巧妙地掩饰许多东西，但还是存在一些普遍性的动作。如愤怒时握紧双拳，或是把纸烟、铅笔之类的东西捏坏，甚至可能两手发颤；兴奋紧张时，双手揉搓，或者不知道该把手放在什么地方；思索时，手指在桌面、沙发扶手、大腿等地方有节奏地轻敲，等等。

　　（2）抓住"决定性瞬间"。任何一个人，对自己神情的掩饰，都不可能达到绝对的滴水不漏。关键问题是，我们在对方错综复杂的神情变化中，能否准确判明哪一个变化是有决定性的。对于机智的人来说，其弥补失误的本领也是异常高超的，他们不可能让你长时间地洞悉到他们的破绽。

　　因此，时机对我们而言非常宝贵。至于究竟什么才是这种"决定性瞬间"的具体显现，怎样才能将其判明并抓住，那只能具体情况具体分析，凭借我们的经验和感觉来定夺，因为无固定模式可循。

　　（3）主动探察。察言观色，不能理解为被动式的冷眼旁观。

　　实际上，主动进攻，采用一定的方式、手段去激发对方的情绪，才是迅速、准确把握对方思想脉络的最佳途径。这包括以下几点。

其一，闲谈探底。即在触及正题之前，漫无边际地谈些与正题无关的话题，目的在于观察对方的兴趣、爱好、习惯和学识等情况，如果对方感到厌倦，那么你的漫谈还能起到扰乱其心绪的作用。

其二，施放诱饵。你可以若有若无地用一些对对方具有吸引力的话题，判断出他们的心中所想，摸清他们的神情变化及心理活动的一般特点和语言点位置。

其三，逆来顺受。当你没有摸透对方的脾性时，在不违反大原则的情况下，不妨先逆来顺受，等他们暴露更多的信息时，你再对症下药，他们自然会心悦诚服地接受你。

［第2章］
至关重要：好好说话为你赢得好感

在沟通中，获得一个人的好感需要多久？其实，人们总是在最初接触的一刹那就会对对方产生大概的印象，而这直接决定了其对你的好感程度。所以，在最初接触的一刹那，你所说的每句话都是至关重要的。

沟通是生活的桥梁

　　沟通是人与人之间、人与群体之间思想与感情的传递和反馈的过程，以求达成思想的一致和感情的通畅。它是一个人获得他人思想、感情、见解、价值观的一种途径，是人与人之间交往的一座桥梁。通过这座桥梁，人们能分享彼此的感情和知识，也能消除误会，增进了解。

　　沟通的信息是包罗万象的。在沟通中，我们不仅传递消息，而且还表达赞赏、不快之情，或提出自己的意见和观点。所以，沟通信息就可分为：事实、情感、价值观、意见和观点。

　　如果信息的接受者对信息类型的理解与发送者不一致，就有可能导致沟通不畅和信息失真。在许多发生误解的问题中，其核心都在于接受者对信息到底是意见观点的叙述，还是既定事实的叙述，混淆不清。比如，"小王常常在单位组织的生活会上发言"和"小王爱出风头"是两个人对同一现象做出的描述。良好的沟通者必须谨慎区别基于推论的信息和基于事实的信息。也许小王是真的爱出风头，也有可能是他关心集体事业，畅所欲言，踊跃地给管理者提合理化建议。另外，沟通者也要完整理解传递来的信息，既获取事实，又分析发送者的价值观、个人态度，这样才能达到有效的沟通。

　　古人曰："横看成岭侧成峰，远近高低各不同。"在了解了沟通含义的基础上，依据不同的划分标准，可以把沟通分为不同的类型。

　　按照沟通的模式不同，可分为语言沟通和非语言沟通，语言沟通又包括书面沟通与口头沟通。语言沟通主要用于信息的传递。非语言沟通指肢体语言的沟通，它传递的是人与人之间的思想和情感。比如：手舞足蹈、眉目传情、含情脉脉、顾盼生姿等。

此外，沟通根据是否是结构性和系统性的，可分为正式沟通和非正式沟通；根据在群体或组织中沟通传递的方向，可分为自上而下沟通、自下而上沟通和平行沟通；根据沟通中的互动性，可分为单向沟通与双向沟通；从发送者和接收者的角度而言，可分为自我沟通、人际沟通与群体沟通等。

1. 语言沟通

语言沟通建立在语言文字的基础上，又可细分为口头信息沟通和书面信息沟通两种形式。人们之间最常见的沟通方式是交谈，也就是口头沟通。常见的口头沟通包括：演说、正式的一对一讨论或小组讨论、非正式的讨论以及传闻或小道消息传播等。书面沟通包括备忘录、信件、组织内发行的刊物、布告栏及其他任何传递书面文字或符号的手段。

其中，口头信息沟通方式十分灵活多样，它既可以是两人间的娓娓深谈，也可以是群体中的雄辩舌战；既可以是正式的磋商，也可以是非正式的聊天；既可以是有备而来，也可以是即兴发挥。口头信息沟通是所有沟通形式中最直接的方式，它的优点是快速传递和即时反馈。在这种方式下，信息能在最短时间内被传送，并在最短时间内得到对方回复。如果接受者对信息有疑问，迅速的反馈可使发送者及时检查其中不够明确的地方，并进行改正。

但是，口头信息沟通也有缺陷。信息从发送者一段段接力式传送的过程中，存在着巨大的失真的可能。每个人都以自己的偏好增删信息，以自己的方式诠释信息。当信息经长途跋涉到达终点时，其内容通常与最初的含义存在较大的偏差。如果组织中的重要决策通过口头方式沿着权力等级链上下传递，那么信息失真的可能性相当大。而且，这种沟通方式并不总能省时省力，正如那些参加了毫无结果，甚至也不需要结果的会议的主管所了解的那样，按照时间与费用而论，这些会议的代价很大。

相比口头信息沟通，书面信息沟通具有一系列的优点。

首先，书面记录具有有形展示、长期保存、可作为法律保护依据等优点。一般情况下，发送者与接受者双方都有沟通记录，沟通的信息能长期保存下去，便于事后查询。一个新产品的市场推广计划可能需要好几个月的大量工作，以书面的方式记录下来，能使计划的构思者在整个计划的实施过程中有一个依据。其次，书面沟通更加周密，逻辑性强，条理清楚。书面语言在正式发表之前能够反复修改，直至作者满意。作者所要表达的信息能被充分、完整地表达出来，减少了个人情绪、他人观点等因素对信息传达的影响。最后，书面沟通的内容易于复制、传播，非常有利于大规模传播。

当然，书面信息沟通也有缺陷。相对于口头信息沟通而言，书面信息沟通耗费的时间较长。同等时间的沟通，口头沟通比书面沟通所传达的信息要多得多。此外，书面沟通缺乏内在的反馈机制，不能及时提供信息反馈，其结果是无法确保所发出的信息能被接收到，即使接收到，也无法确保接受者对信息的解释正好是发送者的本意。发送者通常要花费很长的时间来了解信息是否已被接收并被准确地理解。

2. 非语言沟通

非语言沟通是指通过某些媒介而不是讲话或文字来传递信息。在礼节性的拜访中，主人一边说"热烈欢迎"，一边不停地看手表，客人便知道起身告辞的时间已到。实际上，在语言只是一种烟幕弹的时候，非语言的信息通常能够非常有力地传达"真正的本质"。扬扬眉毛、有力地耸耸肩头、突然离去，都能够传达出许多具有价值的信息。

非语言沟通的内涵十分丰富，为人熟知的领域是身体语言沟通、副语言沟通、物体的操纵等。

身体语言沟通是通过动态无声的目光、表情、手势语言等身体运动或者是静态无声的身体姿势、空间距离及衣着打扮等形式实现沟通。人们可以借由面部表情、手部动作等身体姿态来传达诸如攻击、恐惧、腼腆、傲慢、愉快、愤怒等情绪或意图。比如，在你一天最忙碌的时刻里，有位职员来造访，讨论一个问题。你和他把问题解决之后，这位职员却站着不走，并把话题转向社会时事。在你的内心里，很希望立即终止这个讨论而去继续工作，可是在表面上，你却很礼貌、专注地听着，然后，你把椅子往前挪了一下，并坐直了身子整理你桌上的公文。不管这些举动是潜意识的抑或是故意的，它们都能刻画出你的感觉并暗示这位职员"该是离开的时候了"，除非这位职员没有感觉或太专注于自己的话题，否则谈话很可能因彼此间的默契，而适时地结束。

人与人之间的空间位置关系，也会直接影响双方的沟通过程。有关研究证实，学生对于课堂讨论的参与度直接受到学生所坐座位的影响。在倾向上，以教师讲台为中心，座位越居中心位置，学生对于课堂讨论的参与度也越高。沟通中，空间位置的不同，还直接导致沟通者具有不同的沟通影响力，有些位置对沟通的影响力较大，有些位置对沟通的影响力较小。比如，同一个人发言，他站到讲台上讲，与其在台下自由发言所产生的作用是不同的，高高的讲台本身具有某种权威性。

沟通者的服饰通常也扮演着信息发送源的角色。比如，在外交场合，穿笔挺的深色西服，系深色领带，给人以庄重威严之感；而在日常会见时，穿浅色的休闲服，则显示亲民色彩。心理学家称非语词的声音信号为副语言。最新的心理学研究成果，揭示副语言在沟通过程中起着十分重要的作用。一句话的含义通常不仅决定了其字面的意义，而且决定了它的弦外之音。语音表达方式的变化，尤其是语调的变化，可以使字面意思相同的一句话具有完全不同的含义。比如一句简单的口头语"真棒"，当音调较低，语气肯定时，"真棒"表示由衷的赞赏；而当音调升高，语气抑扬，说出"真棒"时，则完全变成了刻薄的讥讽和幸灾乐祸。

沟通是人类组织的基本特征和活动之一。没有沟通，就不可能形成组织和人类社会。沟通是维系组织存在，保持和加强组织纽带，创造和维护组织文化，提高组织效率、效益，支持、促进组织不断进步发展的主要途径。

有效的沟通可以让我们把一件事情高效率地办好，让我们享受更美好的生活。善于沟通的人懂得如何维持和改善相互关系，更好地展示自我需要、发现他人需要，最终赢得更好的人际关系和成功的事业。沟通能力在当今这个高速发展变化的时代，越来越受到人们的重视，一个人的成功与否通常由他的沟通能力决定。现代社会里的商品交换、商贸谈判、政治交往，都需要通过语言的说服与沟通来完成。

在一个寒冷的冬天，一位衣衫褴褛、双目失明的老人，忍受着刺骨的寒风，可怜巴巴地跪在一条繁华的街道上行乞。他脏兮兮的脖子上挂着一块木牌，上面写着："自幼失明"。一天，一位诗人走到老人身边，老人便伸出手向诗人乞讨。诗人摸了摸干瘪的口袋，无奈地说："我也很穷，但是我可以送你一样别的东西。"说完，他从兜里掏出笔，在木牌上写了几个字，起身告别了老人。

自那以后，老人得到了很多人的同情和施舍，可是他对此却大感不解。不久，诗人与老人再次邂逅。老人问诗人："你那天在我的木牌上写了什么呀？"诗人笑了笑，捧着老人脖子上的木牌念道："春天就要来了，可我不能看到它。"诗人一抬头，看见老人的眼眶里闪着晶莹的泪花。

这就是语言的艺术，聪明的人用甜美的语言让事实增值，愚蠢的人用糟糕的语言让事实贬值。

优秀的口才不是一朝一夕就能拥有的，需要日久天长的积累，包括知识的积累、经验的积累，等等。所以，对于新上任的管理者来说，如果你通过优秀的口才已经打开了局面，那么你更需要做的是：不断地训练你的口才，迎接更为艰巨的挑战！

如果一个人的脸上长有疤痕，可以使用化妆品或药品加以治疗弥补。同样，谈吐方面的缺陷也可以改变，只要治疗之前，自己能够清醒地认识到自己的这些缺陷。如果不清楚自己说话的缺陷，也可以试着拿一面镜子看看自己的说话姿态：是否手势过多，是否翘起嘴角，是否表情难看，是否过于冷漠、紧张、僵硬，是否强抑声调……

以下几点是我们说话中常有的缺陷，我们可以对照检查，并加以改正。

1. 说话用鼻音

用鼻音说话是一种常见且影响极坏的缺点，当你使用鼻腔说话时，就会发出鼻音。如果你用大拇指和食指捏住鼻子，你所发出的声音就是一种鼻音。如果你说话时嘴巴张得不够，声音也会从鼻腔而出。在电影里，鼻音是一种表演技巧，如果演员扮演的是一种喜欢抱怨、脾气不好的角色，他们往往爱用鼻音说话。

你要是经常使用鼻音说话，那就不是很好了。鼻音对于女人的伤害比对男人更大，你不可能见到一位不断发出鼻音，却显得迷人的女子。如果你期望自己在他人面前具有极大的说服力，或者令人心荡神移，那么你最好不要使用鼻音，而应使用胸腔发音。正确的方法是，平时说话时，上下齿之间最好保持半寸的距离。

2. 声音过尖

一个人受到惊吓或大发脾气时，往往会提高嗓门，发出刺耳的尖叫。因为尖锐的声音比沉重的鼻音更加难听。

你可以用镜子检查自己有无这一缺点：脖子是否感到紧张？血管和肌肉

是否像绳索一样凸出？下颚附近的肌肉是否看起来明显紧绷？如果出现上述情形，你可能会发出刺耳的尖声。这时你就要当机立断，尽快让自己松弛下来，同时压低自己的嗓门。

3. 说话忽快忽慢

一般来讲，说话的速度很难掌握，即使是一些职业演说家或政治家，有时也不容易把握好自己说话的速度。说话太快，别人就听不懂你在说些什么，而且听得喘不过气来。说话太慢，人们根本就不会听你说，因为他们缺乏一种耐心。据专家研究，适当的说话速度为每分钟120~160个字之间，当我们朗读时，其速度要比说话快。当然，说话的速度也不宜固定，你的思想、情绪和说话的内容都会影响你语言表达的速度。说话中把握适度的停顿和快慢变化，会给你的讲话增添丰富的效果。

为了测量自己说话的速度，你可以按照正常说话的速度念上一段演讲词，然后用秒表测出自己朗读的时间。如果你说话的速度每分钟不到上面那个标准，就可以试着调整说话速度，看是否会收到良好的效果。

4. 口头禅过多

日常生活中，人们听到这样的口头禅，如"那个""你知道不""是不是""对不对""然后""就是说"等。如果一个人在说话中反复不断地使用这些词语，一定会损失自己说话的形象。口头禅的种类繁多，即使是一些伟大的政治家在电视访谈中也会出现这种毛病。

当然谈话中"啊""呃"等声音过多，也是一种口头禅的表现，著名演说家说："切勿在谈话中散布那些可怕的'呃'音。"如果你有录音机，不妨将自己打电话时的声音录下来，听听自己是否有这一毛病。一旦弄清了自己的毛病，那么以后在与人讲话的过程中就要时时提醒自己注意这一点。

下面介绍几种克服口头禅的方法以供参考。

默讲。出现口头禅的原因之一，是对所讲的内容不熟悉，讲了上句，忘了下句，此时就要用口头禅来获得一点思考的时间，以便想起下句话。可以事前默讲几遍，对内容、措辞十分熟悉，正式讲话时就能减少或不出现口头禅了。

朗读。克服口头禅的朗读法，就是将自己的口语，从不清楚变为清楚、流利的语言。如果内部语言流畅贯通，就不会出现口头禅。出声朗读老舍、叶圣陶等语言大师的作品，有助于用规范的语言来改善自己不规范的语言。

耳听。广播员、演员的语言，一般都较为规范，没有口头禅。平时听广播、看电影时，可边听边轻声跟着说。久而久之，你会惊喜地发现：自己的口语精练了，口头禅少了，连普通话水平也提高了。

练习。听听自己的讲话录音，会对自己讲话中的口头禅深恶痛绝。这样，往往能使自己讲话时十分警惕，口头禅也会随之变少。

慢语。在一段时间内，尽量讲慢些，养成从容不迫的思维和说话的习惯，一句句想，一句句说，对克服口头禅有很好的效果。

5. 讲粗话

讲粗话是说话的恶习。俗话说，习惯成自然。随便什么事情，只要成了习惯，就会自然地发生。讲粗话也是如此，一个人一旦养成了讲粗话的习惯，往往是出口不雅，自己还意识不到。讲粗话是一种坏习惯，更是极不文明的表现，但要克服这种习惯也并不是一件易事。比较有效的办法是，找出自己出现频率最高的粗话，集中力量首先改掉它。首先是改变讲话频率，每句话末停顿一下；其次讲话前提醒自己，改变原有的条件反射。出现频率最高的粗话改掉了，克服其他的粗话也就不难了。

请别人督促也很重要。当然，这里的"别人"最好是了解自己的人，这样督促起来可以直截了当。由于有时自己讲了粗话还不知道，请别人督促就能起到提醒、检查的作用。督促还有另一层心理意义，那就是造成一种不利于原有条件反射自然发生的外界环境，以促进旧习惯的终止。

6. 结巴

"结巴"是口吃的通称。

"结巴"对于极个别的人来说是一种习惯性的语言缺陷，是一种病态反应，他们也被称为口吃患者。口吃就是说话时字音重复或词句中断的现象，要想治愈说话"结巴"的毛病，除药物治疗外，更重要的是去除心理障碍。日本前首相田中角荣少年时代就是口吃患者，为了克服这个缺陷，他常常朗诵课文，为了发音准确，就对着镜子纠正嘴型，后来他成了一个著名的政治家、演说家。有口吃的人不妨试一试这个方法，坚持朗读文章，只要坚持不懈并保持良好的心态，相信一定会产生好的效果。

7. 小动作过度

即说话时动作过于频繁。可以检查一下自己，是否在说话时不断出现以下动作：坐立不安、蹙眉、扬眉、歪嘴、拉耳朵、摸下巴、抓头发、转动铅笔、拉领带、弄指头、摇腿等。这都是一些影响你说话效果的不良因素。当你说话时，动作过于频繁，听者就会被你的这些动作所吸引，根本不可能认真听你讲话。

其实每一种谈话，无论怎样琐碎，总要保持中心点，这也是所谓谈话目的，其目的就是能够促进你和对方的关系。你必须使人觉察你是一个有思想观点的人，绝非个糊涂虫。单单无聊空谈，是绝不能使对方对你有一点良好印象的，更不能显出你说话的水平。

如果具有丰富的知识，你可以拿出来随时应付。人们活在社会上就需要社交，每天在生活当中，需与他人频繁发生接触，所以对于世界上的形形色色，自己应当努力去获得各方面的知识。

怎样可以得到这些知识，以便在你谈话之时有所帮助呢？最好的办法就是多学习，看书、看报纸、听时政新闻。还有一个方法，是随时留意你周围所发生的事，即使只是极琐碎的事也不要轻易放过它。另外还有个方法便是时常和人谈话。我们经常说"听君一席话，胜读十年书"，有时候别人的看法和思考深度是我们看多少书都学不来的，和高人谈话不仅能学习到谈话技巧，还能给你打开思路。你和别人闲着无事时谈谈天，次数越多学得越多，不但脑子里可以贮藏起许多知识当成下次谈话的资料，而且也可以使你对谈话有兴趣，甚至谈话的技术因而会更加熟练起来。

　　世界著名的谈话艺术专家曾经在教人谈话时要注意下列一些问题。他说道：

　　"你应该时常说话，但不必说得太长。少叙述故事，除了真正贴切而简短之外，总以绝对不讲为妙。

　　"和人谈话，同时也要注意到态度。切不要拉住别人的衣袖，手脚乱画地讲话，应当和顺一些，切忌妄自尊大，平常的话要避免争论。谈话最好要一般化，勿过分地做自我的宣传，把自己捧上天去。外表应该坦白而率直，内心应该谨慎而仔细。

　　"谈话的时候，姿态可以表现你的诚意，所以要正面向着人家，不要随随便便，不要模仿他人。

　　"和人家开口赌咒，闭口发毒誓，是既坏又蠢而且粗鄙拙劣的事。高声的哄笑，是文化素养不高的表现，真实的机智和健全的理性，绝不会引人哄笑。此外，没有再比咬人耳朵，像蚊虫叫似的谈话态度，更叫人难受的了。"

　　这位谈话艺术专家以上列的各条警戒人的谈话艺术，除开"禁止大家哄笑"这一条外，大多都是可以同意的。因为粗声喧闹固然有失常态，但是出自情感挑动的大笑，是不会妨害到任何人的。

　　在任何谈话之中，必须记住，切不可以说到会触怒他人的话题上去。因为凡是在你面前听你谈话的人，一定会从你谈话上窥测你的个性，同时也在留意你日后是否会说他本人的许多坏话。

寒暄让对方如沐春风

寒暄又称打招呼，是人与人建立语言交流的方法之一，也是交谈的润滑剂。它能使朋友在某种场合对你心领意会，使陌生人相互熟悉，并把单调的气氛活跃起来，为双方进一步攀谈架设友谊的桥梁。

这种寒暄意味深长，具有强烈的针对性和灵活的策略性，无穷之意尽在言外。

在我们的日常生活中，寒暄的主要形式有以下几种：

路遇式寒暄，就是在路途中或一些公共场所里遇到熟人，顺便地打个招呼。一种是对经常见面的熟人，握握手，说句"你好""上班去呀"；在路上骑车相遇，相互点点头，微笑一下，摆摆手，不用下车，擦肩而过。另一种是在路上遇到较长时间没有见面的熟人，这时不可以点头而过，要停下来，多说几句。如有急事要办，则要与对方说清楚再离开，这是人际交往的基本常识。

会晤前的寒暄，如约了见面，或客人来了后，在交谈正题之前的问候。一种是常见的也是最基本的问候方式，如"您好""请进""请坐"等。另一种是特殊情况的问候方式，如对病人、老人、师长、好友，或是遇到对方大病初愈、长途旅行、身遇不幸等情况，寒暄问候则要格外体贴入微、暖人心扉。

寒暄的内容主要有以下几类：

关怀式寒暄，这是常见的寒暄方式。真挚深切的问候，对于加深人际感情，有着重要的作用。

激励式寒暄，就是在简单的寒暄中，给人以鼓舞和力量。有时候，几句话就能给人以莫大的激励。

幽默式寒暄，是指在寒暄中加点幽默诙谐的成分，对协调交际气氛很有效果，而人际良好的沟通与深切的友谊，就是在这幽默的寒暄中间建立起来的。

夸赞式寒暄，无论谁清早起来，接连听到几个诸如"您起得好早啊""您身体越来越好啦"的赞美式寒暄，一定会感到这一天心情格外舒坦愉快。夸赞式寒暄也要讲究技巧，夸赞的内容最好要具体一些，这样才能促进沟通的效果。

在寒暄中，要注意以下几点：

1. 注意对象。寒暄要因人而异，不要对谁都是一个腔调。

2. 注意环境。在不同的环境下，要选择不同的寒暄方式和内容。

3. 注意适度。寒暄要适可而止，过多的溢美之词会给人以虚伪客套之感。

总之，恰当的寒暄，能给不快的人以安慰，给久别重逢的人以关怀，给邻里亲友以欢乐，并由此沟通感情，联络友谊，促使人际交往达到水乳交融的佳境。

称呼礼仪有讲究

称呼是指人们在正常交往应酬中，彼此所采用的称谓语。它是语言交际的"先锋官"。在日常生活中，称呼要亲切、准确、合乎常规。正确恰当的称呼，不仅能体现对对方的尊敬和自身的文化素质，更能促使交际的成功。

俗话说："良言一句三春暖"，称呼得体就像行见面礼，易使对方获得心理上的满足，使沟通顺畅，交往成功。反之，称呼不得体往往会引起对方的不快甚至愠怒，使双方陷入尴尬境地，造成交往梗阻乃至中断。由此可见，称呼得体与否，决定着人们交往活动的成败和管理效果的优劣。因此，不管是从事任何职业的一般人，还是身负一定职务的管理者，要想生活愉快、事业发展，就要注意研究人际称呼的技巧，努力提高自己的称呼艺术。

称呼在人际交往和管理活动中的重要作用早已为人们所注意。社会心理学家认为，得体的称呼能使人心情愉快，增强自信，有助于形成亲密和谐的人际关系。而良好的人际关系又是使人精神振奋、心理健康和提高工作效率的重要条件。得体的称呼能缩短人与人之间的心理距离，使人心情舒畅。

那么，怎样称呼才算得体呢？其实称呼并没有什么统一的模式，不同的地区、不同的民族和不同的语言传统，称呼的习惯差异很大；不同的职业、职务、性别、年龄的人，对称呼的需要和期望也不尽一样，这就造成了人际称呼的复杂性和多元化，增加了称呼得体的难处。但有一条是共同的，那就是要尊重他人和礼貌待人，这样，对方心里就会产生一种自豪感和满足感；

反过来对方也会乐于与你接触，主动与你沟通，这就使交往有了良好的开端。但仅有此还不够，在具体称呼时，还要注意做好以下几点：

1. 记住对方的姓名

姓名不仅是把自己与他人的存在进行区别的标志，而且不少人的名字还凝聚着父母对子女的期望。出于自尊的需要，每个人都会重视和珍爱自己的名字，同时，也希望别人能记住和尊重它。因此，当自己的名字被别人叫到时，就认为自己受到了尊重，心里感到愉悦，对称呼自己的人怀有亲切感。古今中外，一些管理者、政治家对人的这种心情很了解，与人寒暄时不只说句"您好"，而是在"您好"前面或后面冠以对方名字，这样做，发挥了很好的心理效应。我们对久别之后仍能一下子叫出自己名字的人，总能感动万分、钦佩不已，就是因为这个缘故。

2. 符合年龄身份

称呼必须符合对方的年龄、性别、身份和职业等具体情况。对年长者称呼要热情、谦恭、尊重；对同辈则要态度诚恳，表情自然，亲切友好，体现出你的坦诚；对年轻人要注意慈爱谦和，表达出你的喜爱和关心；对有较高职务或职称者，要称呼其职务或职称。总之，要讲究礼貌，既表达出你对对方的真诚和尊重，又不卑不亢。切勿使用"喂""哎"等称呼他人，同时，也要力戒点头哈腰，满嘴恭维话。

3. 有礼有节有序

在与多人打招呼时，如果群体中有年长者，也有年轻人或异性在场，就要注意称呼的顺序。一般来讲，应先长后幼，先上后下，先女后男，先生疏后熟识为宜。称呼最能表达说话人的道德修养、知识水平和文明程度，也体现着他们的交往技巧。称呼兼顾长幼的差异，会使年长者觉得受了尊重，年轻人心中也坦然；如顺序颠倒，不但会使年长者不满，而且先被称呼到的人也会感到窘迫。再者要注意尊重女性，在与一个同样年龄、身份的群体打招呼时，先称呼女性，会使对方感到你有较高的素养，从而乐于与你交往。

需要强调的是，以上各点并不是孤立的，而是彼此制约、密切相关的，它们从不同侧面共同决定着称呼的得体与否，以及称呼得体的程度。在日常生活中，我们只有根据称呼对象和交往场合等具体情况，从多方面分析称呼对象的称呼需要，选择得体的称呼语，才能收到最理想的称呼效果。

接地气的好口才

许多人以为口才只是口上之才，他们以为口才好的人，只是因为他们很会说话，而自己不会说话而已。他们认为许多口才好的人什么都可以说，说什么都很动听，只是因为他们口齿伶俐，这种看法是片面的、肤浅的。虽然口才有赖于相当的训练，但口才的实际基础是建立在善于思考、善于观察、兴趣广泛、知识丰富，以及强烈的同情心和责任心之上的。单纯的口齿伶俐，也不能成为一个口才好的人。

俗话说："巧妇难为无米之炊。"追本穷源，一个口才好的人，肯定会在观察和思考上下功夫。他们不断地扩大兴趣，积累知识，培养他们的同情心和责任心。他们谈话的题材源泉是非常充实的，那你呢？是不是每天看报纸？在看报纸的时候，是不是只看副刊上的小说消遣而已？是不是同时也很注意重要的国际、国内及本地的新闻呢？是不是选择有意义的、精彩的电影和戏剧？看戏时是否集中精神地去欣赏它们，而不是坐在戏院里打瞌睡？

某著名剧作家曾说："哪一天我们对语言着了魔，那才算是进了大门，以后才有可能登堂入室，成为语言方面的富翁。"那么，我们要怎样来具体学习和锤炼语言呢？下面介绍几种可行有效的方法。

1. 深入生活

生活是语言最丰富的源泉。要使自己的语言丰富起来，一个闭门造车的人，是很难如愿的。老舍曾说过："从生活中找语言，语言就有了根。"这句话含有很深刻的道理。

俄国作家托尔斯泰称赞人民是一班语言的"大家"。语言的"天才",的确存在于人民群众中。比如,我们讲话常用程度副词——"特",如"特棒""特靓""特正""特红""特香""特佳"……数不胜数。通常,广大群众所使用的生活用语更是数量惊人,丰富多彩,活泼动人,这一切也都是我们平时要注意学习的。

2. 扩大知识面

知识贫乏会造成言语贫乏。如果《红楼梦》的作者曹雪芹没有相应的词汇来描写贾府上上下下的规矩、内内外外的礼教,王熙凤的泼辣、干练、狠毒性格就肯定难以表现得惟妙惟肖;如果《水浒传》的作者施耐庵不懂得江湖规矩,不懂开茶坊的拉线、收小、说风情,及趁火打劫的种种口诀,他就不可能把那个虔婆王大娘刻画得惟妙惟肖。如今,人们都喜欢用"爆炸"这个词来形容某一方面的快速增长,比如:信息爆炸、知识爆炸、人口爆炸等。改革开放这些年来,新词语铺天盖地而至,令人目不暇接,大有"爆炸"之势。

词语是社会生活最敏感的反应器,新词爆炸反映了新生事物的层出不穷,反映了我们当今社会在改革大潮中的迅猛发展,反映了我们当今生活在开放洪流中的日新月异,我们对这些新的词语要及时掌握,学会运用。

3. 阅读名著

"熟读唐诗三百首,不会作诗自会吟"的经验之谈,是大家所熟悉的。它告诉我们,要学习口头语,提高说话的技巧,就要多读名著。"群书万卷常暗诵",吟咏其中,则能心领神会,产生强烈的兴趣。摸熟语言的精微之处,则会唤起灵敏的感觉;熟悉名篇佳作的精彩妙笔,则会获得丰富的词汇。自己演说和讲话时，优美的语言亦会不召自来，这并非天方夜谭之事。只要我们潜心苦读，勤记善想，揣摩寻味，持之以恒，就能尝到醇香厚味。如果反复地用，不断地学，久而久之就能像所说的那样，"于无法之中求得法，有法之后求其他"了。

用话语活跃气氛

如果你想在生活中给别人留下一个会说话的印象，就要巧用精彩的语言活跃气氛。在社交场合更是这样，无论是主人还是客人，都有责任活跃场合中的气氛。当你跨进大厅，千万不要让冰霜结在脸上，须知一个面带愁容的人是决不会受人欢迎的，所以最好是神态自若。神态自若是难得的心理平衡的体现，它包含着嘲笑自己的勇气和对别人的宽容与真诚。据说，有位著名女演员在一家餐厅吃饭时，一位老年妇女走上前来，看着她的面庞，然后略带遗憾地说："我看不出有多好！"这个女演员神情自若地说："谢谢您的真诚，咱俩没有区别，都是一个鼻子、两只眼睛。"

在社交场合，当你明白他人的用意时，不妨神态自若，然后轻松地幽默一下，这有利于你热情主动地与周围的人交往，也能使你顺利地熟悉和了解众人。

1. 善意的恶作剧

有分寸地、善意地取笑别人并不是坏事。善意的恶作剧通常具有出人意料的效果，它能导致众人的欢笑。人们在捧腹大笑之际，超脱了习惯、规则的界限，享受不受束缚的"自由"和解除规律的"轻松"。

2. 带些小道具

朋友相聚，也许在初见面时因打不开局面陷于窘境，也许在中间出现冷场。这时，你随身携带的小道具就能发挥作用。一个精致的钥匙链可能引发一大堆话题；一把扇子，既能用于遮阳光，又能在上面题诗作画，也能唤起大家特殊的兴趣。所以，小道具的妙用是不可小看的。

3. 引发共鸣

成功的社交应该是众人畅所欲言，各自都表现出最佳的才能，做出最精彩的表演，最忌一个人唱独角戏，大家当听众。为达到这一目的，就要寻找能引起大家共鸣的内容。有共同的感受，彼此间才能各抒己见，互相交流看法，气氛才会热烈。所以，你若是社交活动的主持人，一定要把活动的内容同参加者的喜好、最关心的话题、各自的拿手好戏等因素联系起来，以免出现冷场。

4. 自我解嘲

自我解嘲，顾名思义就是自己嘲讽自己、调侃自己，这也是一种正话反说的方式。它是一个人心境平和的表现，也能营造出宽松和谐的交谈气氛，能使自己活得轻松洒脱，使人感到你的可爱和人情味，从而改变对你的看法。在现实生活中，适时适度地"自嘲"，通常会收到妙趣横生、意味深长的效果。

5. 给一个无痛苦的伤害

有时候，那些毕恭毕敬的夫妻未必就没有矛盾，而平日吵吵闹闹的恋人可能会更亲热。社交也是如此，若彼此开句玩笑，互相"攻击"几句，打一拳、捏两下，反倒显得亲密无间、无拘无束。

6. 怪问怪答

交谈中，不时穿插一些意想不到的、貌似荒谬而实则有意义的问题，是一种很好的活跃气氛的形式。那些一本正经的人会给人古板、单调、乏味的感觉。也许会有人经常问你一些荒谬的问题，如果你直斥对方荒谬，或不屑一顾，不仅会破坏交谈气氛和人际关系，而且会被人认为缺乏幽默感。

7. 夸张般的赞美

和朋友久别重逢后不免寒暄一番，你完全可以借此发表一番高论，把每个人的才能、成就做一番夸张式的渲染，这会让朋友们感到你深深地了解、倾慕他们。这种把人抬得极高但没有虚伪、奉承之感的介绍，会立即使整个气氛变得异常活跃，友情会加深一层。

8. 寓庄于谐

社交需要庄重，但长时间保持庄重的气氛，就会使人精神紧张。寓庄于谐的交谈方式比较自由，在许多场合都可以使用。用幽默、诙谐的语言，同样可以表达非常重要的内容。

9. 制造悬念

在相声里，悬念是相声大师的"包袱"。有意制造悬念，会使人更加关注你的一举一动。当大家精力集中、全神贯注时抖开"包袱"，他们发觉这是一场虚惊，都会付之一笑，报以掌声。

10. 反话正说

运用反话正说的方法，重要的是在于处理好一反一正的关系。在交往中，准备对对方进行否定时，却先来一个肯定，也就是在表达形式上好像是肯定的，但在肯定的形式中巧妙地蕴藏着否定的内容。正说时要一本正经，煞有介事，使对方产生听下去的兴趣。然后，再以肯定的形式抖出反话的内容，与原来说的正话形成强烈的对比，从而产生鲜明的讽刺意味，让他们信以为真，以此增加谈话的效果。

反话正说能引人入胜，正话反说也颇意味深长。正话反说，就是对某一话题不做直接的回答或阐述，却有意另辟蹊径，从反面来说，使它和正话正说殊途同归。这样便能避免正面冲突，含蓄委婉，入情入理，收到一种出奇制胜的劝谕和讽刺效果。有时正话反说的曲折手法，能使人们在轻松的情境中相互沟通，使紧张的局面得到缓解。

[第3章]
合作双赢：好好说话能够促成合作

俗话说："单丝不成线，独木不成林。"我们生活在这个社会中，每天都要接触各种各样的人，在工作中也难免遇到要与他人合作、与他人共事的情况。在这时，好好说话的作用便体现了出来，而好好说话能够促成人与人之间的合作。

入情入理，以情理服人

有的话带有明显的目的性，如说服、劝解、抚慰、交心、解释等。为了达到这样的目的，最有效的手段就是以情理服人，做到入情入理，这样的交谈才会有效。古人云："精诚所至，金石为开。"在人际交往中，人们彼此的情感是相互作用与影响的，只有情相通、心相近，所说的话才能在对方的心灵上产生共鸣，发挥作用。因此要给对方讲理，必须先了解对方的心理与情感需求，站在对方的角度考虑，当思想感情上接近、沟通，产生"自己人"的效应时，说理才能奏效。

当然，以情说理，重要的是找准对方情感上的"突破口"。先秦纵横家的鼻祖鬼谷子曾经说过："仁人轻货，不可诱以利，可使出费；勇士轻难，不可惧以患，可使据危；智者达于数，明于理，不可欺以不诚，可示以道理，可使立功。"意思是说，要抓住对方心理与情感上最易打动之处，将"情理"和对方的个性、处境、心思等因素紧密相连；申明利害，满足其最高情感价值需求，使之心动。

将以情服人与以理服人结合起来，做到春风化雨、润物无声，才能在与他人交流的时候达到目的。

说话得随机应变

原则，是一条待人接物的轨道，如果墨守原则，这条轨道便会成为碍手碍脚的束缚，不但窄化了你的视野，并且局限了你的人生。做人的最高原则，应该是"可以随时改变你的原则"。

从前有个读书人，自认为学富五车，无论做什么事情，都喜欢引经据典、咬文嚼字一番。根据他的说法，是为了"不违古训"，展现读书人的"满腹经纶"。

一天，读书人的家里突然发生火灾，忙于救火的大嫂气喘吁吁地对他说："快点叫你哥哥回来救火，他在隔壁王大伯家下棋。"

读书人出了大门，心想："嫂子叫我快一点，这有违古训，圣贤书上不是都说'欲速则不达'吗？我怎么能匆匆忙忙的呢？"

因此，他慢吞吞地走到王大伯家，看见哥哥和王大伯正在兴高采烈地弈棋，读书人走上前去，默默地站在哥哥身旁观棋。过了好半天，这精彩的棋局才结束，读书人这才说道："哥哥，家里失火，嫂子叫你快点回去救火！"

哥哥一听，气得说不出话来，过了好一会儿，才咬牙切齿地骂道："这么严重的事，你为什么不早点说？"

读书人一脸理所当然的表情，指着棋盘上的字说："难道你没看见这棋盘上清清楚楚地写着'观棋不语真君子'吗？"

到了这种地步，还要什么斯文！哥哥听不下去，举起拳头正要打他，但想一想，都已经这样了，就算打了他也于事无补，于是硬生生地把拳头缩了回来。

　　读书人见哥哥缩回拳头，反而把脸凑了过去，说道："哥哥，你打吧！棋盘上写着'举手无悔大丈夫'，你怎么能把手缩回去呢？"

　　孔子说："深则厉，浅则揭。"我们身为凡夫俗子，又岂能不知变通呢？

　　每个人都有自己的原则和习惯，但是当情况改变了，你若不能跟着改变，就会被淘汰。

　　固守原则，未必是件坏事，但是不知变通，人生的道路便会越走越窄，只有纵观全局的人，才能进退自由、海阔天空。

办事交谈有禁忌

在平时的生活中，人与人之间该如何交谈才能友好相处、促成合作，是个十分常见的问题。下面的几种现象是否曾在你身上发生过？让我们一起来看看交谈中的忌讳有哪些。

1. 忌争辩

你喜欢和人争辩，是否认为能用议论压倒对方，就会得到很大的益处呢？其实，你不必压倒对方，即使对方表面屈服了，心里也必悻悻然，而你一点好处也得不到。好争辩会损害他人的自尊心，也会让他们对你产生反感，因此会失掉一些朋友。好胜是大多数人的特点，没有人肯自认失败，所以一切争辩都是徒劳。如果能够常常尊重他人的意见，你的意见也必会被他们尊重。如此，你所主张的，就会很容易得到他人的拥护。

2. 忌质问

用质问的语气来谈话，是最易伤感情的。许多夫妻不和睦、兄弟失和、同事交恶，都是由于一方喜欢以质问式的态度来与对方谈话所致。除了遇到辩论的场面，质问是大可不用的。如果你觉得对方的意见不对，不妨立刻把你的意见说出来，不要先来个质问，使对方难堪。有些人爱用质问的语气纠正别人的错误，这足以破坏双方的情感。被质问的人通常会被弄得不知所措，自尊心受到很大的打击。尊重别人，是谈话艺术必需的条件，把对方为难一下，图一时之快，于人于己皆无好处。你不想别人损害你的尊严，那么，你也不能损伤别人的自尊心。

3. 忌直白

对方谈话中不妥当的地方，固然需要加以指正，但对于妥当的地方要加以显著的赞扬，对方因你的公平而易于心悦诚服。改变对方的主张时，最好能设法把自己的意思暗暗移植给他们，使他们觉得是他们自己修正的，而不是由于你的批评。对于那些无可挽救的过失，站在朋友的立场，要给予恳切地指正，而不是严厉地责问，要让他们知过而改。纠正对方的错误时，最好用请教式的语气，命令式的口吻则效果不好，要注意尊重或激励对方的自信心。

4. 忌挑理

千万不要故意与人为难，有的人最喜欢表示自己与别人意见不同。这种处处故意表示自己与别人看法不同的人，与处处随声附和的人一样，都是不老实的人。口才是帮助我们待人处世的一种方法，没有人愿意做一个口才很好却到处不受欢迎的人。不要为了表现你的口才，而到处逞能，惹人憎厌，一定要正确而灵活地表现口才。

5. 忌虚伪

对于你不知道的事情，不要冒充内行。不懂装懂是一种不老实的自欺欺人的行为，你知道多少就说多少，没有人要求你做一个百科全书式的人。即使一个很有学问的人，也必有所不知。所以，坦白地承认你对某些事情的无知，这绝不是一种耻辱；相反，别人会认为你的谈话有值得考虑的价值，因为你不虚伪，没有吹牛。

6. 忌炫耀

别对陌生人夸耀你的个人生活，例如，你个人的成就、你的富有，或是你的孩子怎么了不起。不要在公共场合把朋友的缺点和失败当作谈话的资料；不要总是重复同样的话题；不要到处诉苦和发牢骚，诉苦和发牢骚，并不是一种好的争取同情的手段。

请把意思说明白

为了使我们的语言能够更好地表达出我们的本来意思或者思想，我们在说话的时候，还要力求达到以下三个方面的要求：

1. 说话要有逻辑性

言之有序是指说话要有条理，不颠三倒四，不丢三落四，按照一定的逻辑顺序把事情、道理说清楚，体现说话人的思路清晰；它还指说话者观点明确，前后一致，说理严密，合乎逻辑。这个逻辑就是说话人要共同遵守的说理规则，下面介绍两种说理的逻辑方法。

（1）类比法。这是一种根据两类事物某些属性的相同或相似，推断出它们其他属性也可能相同或相似的逻辑方法。运用这种方法说理，有助于听者触类旁通地明白事理。例如，作家秦牧在一文中的一段话："最后谈谈基本功的问题。基本功对于拿笔杆子的人很重要，不练是不行的。俗话说'拳不离手，曲不离口。'绘画的人常画，唱歌的人常唱，而搞文字的人怎么可以几个月不写东西呢？"把写作和绘画、唱歌类比，它们都属于文艺创作的范围，具有相同的基本属性，且通俗易懂，有说服力。但是要注意不要机械类比，把事物间的偶然相同或相似作为论据，或者是把表面上有些相似而实质上完全不同的事物进行类比，从而推出一个荒谬的或者毫不相干的结论。

（2）反证法。中国的成语中有一个"自相矛盾"的故事。有一个人同时贩卖矛与盾，他向买家吹嘘他的矛是无坚不摧，盾呢，是刀枪不入。于是，有人马上提议他"以子之矛，攻子之盾"，来验证一下他的宣传是否可靠，这人当场哑口无言，这就是反证法的具体运用。有时对某个道理或问题，不容易从正面解释或反驳，不妨换个说理方法，通过论证与此相反的论题的正确与否，来反面说明问题的是非曲直。

为了让我们的话语更具有说服力，不如学习一些简单的逻辑方法，除了以上介绍的两种，还有两难逻辑、归谬法等。

2. 说话要有分寸感

说话要有分寸，分寸拿捏得好，很普通的一句话，也会平添几许分量，话少又精到，给人的感觉是深思熟虑。而说话的分寸决定与你谈话的对象、话题和语境等诸多因素的需要。换句话说，要言之有度。

有度的反面则是"失度"。什么叫作"失度"呢？一般说来，对人出言不逊，或当着众人之面揭人短处，或该说的没说，不该说的却都说了。这些都是"失度"的表现。下面我们就简要介绍一些在谈话中禁忌的话题，接触这些话题容易导致谈话"失度"，产生不良效果。

（1）健康状况。如果是和十分亲密的人交谈，这种情况不在此列。

（2）有争议性的话题。除非很清楚对方的立场，否则要避免谈到具有争论性的敏感话题，如宗教、政治、党派等易引起双方对立僵持的话题。

（3）他人的隐私。包括年龄、东西的价钱、薪酬等涉及隐私的话题，不要接触，因为容易引起他人的反感。

（4）个人的不幸。不要和同事提起他所遭受的伤害，例如他离婚了或是家人去世等。当然，若是对方主动提起，则要表现出同情并听他们诉说，但不要为了满足自己的好奇心而追问不休。

（5）一些不同品位的故事。如有色的笑话，在房间内说可能很有趣，但在大庭广众之下说，效果就不好了，容易使他人尴尬和反感。

在人际交往中，谈话要有分寸，认清自己的身份，适当地考虑措辞。哪些话该说，哪些话不该说，应该怎样说才能获得更好的交谈效果，是谈话要注意的。同时还要注意讲话尽量客观，实事求是，不夸大其词，不断章取义。讲话尽量真诚，要有善意；尽量不说刻薄挖苦别人的话，不说刺激伤害别人的话。

3. 说话要委婉含蓄

委婉是一种既温和婉转又能清晰明确地表达思想的谈话艺术，是运用迂回曲折的语言含蓄地表达本意的方法。说话者特意说些与本意相关的话题，以表达本来要直说的意思。这是语言交际中的一种缓冲方法，它能使本来也许困难的交流，变得顺畅起来，让听者（或观众）在比较舒适的氛围中领悟本意。

它的显著特点是"言在此而意在彼"，即能够诱导对方去领会你的话，去寻找那言外之意。从心理学的角度来看，委婉含蓄的话，不论是提出自己的看法还是劝说对方，都能比较适应对方心理上的自尊感，使对方容易赞同，接受你的说法。有些话，意思差不多，说法稍有不同，给人的感觉却大不一样，如：谁—哪一位；不来—对不起，不能来；不能干—对不起，我不能做；什么事—请问你有什么事；如果不行就算了—如果觉得有困难，那就不麻烦你了……前者太直白，后者委婉动听了许多，让人容易接受。

林肯一直用具有视觉效果的词句来说话。当他对每天送到白宫办公桌上那些冗长、复杂的官式报告感到厌倦时，他提出了反对意见，但他不会用那种平淡的词句来表示反对，而是以一种几乎不可能被人遗忘的图画式字句表达。"当我派一个人出去买马时，"他说，"我并不希望这个人告诉我这匹马的尾巴有多少根毛，我只希望知道它的特点何在。"

委婉含蓄的表达方法有以下几种：赞扬法，目的是顾全对方的面子，使对方容易下台；暗示法，很难说出口的话可以采用这种方法；模糊法，只能意会不可言传。

偶尔也得能言善辩

　　当你想驳倒对方时，除了理由充分外，还要靠说话的技巧。你要悉心静听对方说话，找出他们话中的要点与漏洞。如果对方没说完，无论如何都不要插嘴，面部表情也不要露出什么地方不对、什么地方需要赞同的表示，等他们说完，有时还需问他们一句，还有其他的意思吗？言多必失，让他畅所欲言，而这正是我们找寻反驳点的好机会。

　　当你开始反驳时，态度必须从容，说话必须稳当。先把他们的话简明扼要地提出，问他们是否是这些意思；再从他们对的方面，表示适当的赞同，使他们高兴。说到后来，用"但是"两字一转，逐层反驳，把轻的放在前面，重的留在后面，致使他们无法置辩。如果你想教训他们几句，更要留在最后说，看见他们的面部表情已有感悟的表示，才好开始说教训的话。说教训的话，态度必须诚挚才能显出你的善意，千万不要有斥责或讥笑的意思，免得让他们恼羞成怒，引起新的纷争。因为反驳者虽恃理由与技巧使他们折服，但也必须动以感情使他们心悦诚服。理由越充分，反击越强烈，语气就越要婉转。中间有时还要替他们设身处地考虑，代为表达苦衷与用意，然后加以反击，使他们认识到错误。有时不妨态度激昂，接着又须和悦，春风与雷霆，相互间用，充分表现你的公正立场、凛然难犯、富于同情。就全部反驳过程而论，都是欲抑先扬，但不要扬得过分，否则反使你的抑失去了力量；也不要抑得过分，这会使你的扬引不起他们的感悟。废话是绝对要避免的，但是巧譬善喻绝不是废话，譬得越巧喻得越善，越能激起他们的同感。

反驳完毕，你虽取得胜利，但态度仍须谦恭，使他们不觉得是失败，更须丢开正文，随便谈论，在有说有笑中，把反驳时严肃的空气尽力冲淡。争辩是一回事，交谊是一回事，争辩只限于一个事项，不要牵涉交谊；如果彼此都是代表人身份，随时要把代表人本身撇开，不要产生有直接人身攻击的嫌疑。万一对方盛怒之下，对你进行人身攻击，你要和气地向他们说明你是代表人，不是当事人。经过多方的解释必能减少误会，即使对方出口辱骂，你也要大度包涵，付之一笑。

至于没有利害关系的辩论，有的是维护个人的主张，有的则是比彼此的口才。为维护主张而反驳，多少要承认对方的若干论点，反驳的语气，有时可用补正的方式，不必完全以攻击的态度。倘若是在会议上，只要争取多数人的同情，促使各方面的响应，让各方面群起而攻击，造成他人四面楚歌的局面，就不必单枪匹马地和他们相辩。这种四面合围，不但力量雄厚，声势壮大，而且你也不必费极大的气力。

至于比赛辩论技术，原本只是游战性质，不要过分认真，倘使对方假戏真做，你便乘机退出，表示讲和。有人不能明白这一点，往往因薄物细故，极力争辩，弄得双方面红耳赤，不欢而散，其实这又何苦呢？

［第4章］
谈吐幽默：让你的话意味深长

　　幽默的人在社交中往往大受欢迎，最能聚集人脉的人常常就是颇具幽默感的人。可以说，幽默在交往中的作用是多方面的：幽默能处理那些用常规思维方式难以应付的问题，能巧妙地化解矛盾，可以表达自己的不满又不至于伤了和气，可以表现委婉含蓄又入木三分的讽刺，可以用来帮助自己摆脱窘迫等。

巧用语言化干戈

人人都知道幽默的好处，因为幽默不只是让我们的人生变得轻松，更重要的是，它能改变我们看世界的观点。

盖瑞是一个非常幽默的警官，不管遇到什么重大案件，他总能一笑置之，使问题迎刃而解。

某天下午，有三位女士为了一点小事发生了争执，三个人大吵大闹地来到警察局，你一言，我一语，几乎把警察局的屋顶掀翻。她们的话匣子一打开，连局长都没有插嘴的份。这时，盖瑞淡淡地说了一句："请你们当中年纪最大的那一位先说吧！"话音刚落，房间里顿时鸦雀无声。

盖瑞的聪明才智不仅如此，他还曾经运用幽默顺利抢救了一名企图跳楼的男子。当时情况十分紧急，男子站在52层楼高的窗台，随时都有可能往下跳。楼下挤满了围观的人，警察、医生和记者全数到场。依照人们的想象，那名想要自杀的男人会色厉内荏地喊叫道："别过来！谁要再走近一步，我就跳下去！"

这时，盖瑞带了一名医生走上前去，他只说了一句话，那男子便默默地走下了楼。盖瑞说："我不是来劝你的，是这位医生要我来问问你，你死后愿不愿意把遗体捐给医院？"

盖瑞的幽默感使他通常能在极细微的事情中搜寻到破案的关键。在一次执勤的时候，盖瑞竟然轻而易举地抓住了一个男扮女装的通缉犯。警长问他：

"罪犯伪装得这么完美，你怎么会发现他是男儿身呢？"

"因为，他没有女人的习惯，"盖瑞笑着回答说，"我看他经过服装店、食品店和美容院的时候，连看都没有看一眼，我就知道，这个人绝对不是正常的女人。"

还有一次，盖瑞无意中看到两个年轻的神父骑着一辆自行车在一条小路上飞驰，身为神职人员怎么可以不遵守交通规则呢？盖瑞急忙下车把他们拦住，问道："你们不觉得这样骑车是很危险的吗？"

两位神父理直气壮地说："没关系，天主与我们同在。"

盖瑞听了，笑着说："这样的话，我不应该开你们超速的罚单，而应该罚你们80美金，因为法律规定：三个人是不能同骑一辆自行车的。"

幽默使人冷静，冷静使人充满机智。

中国古代有这样一个故事，从前有个弄臣犯了错，皇帝把他推下御花园的水池，再幸灾乐祸地把他拉上来问："怎么样？你在水里有没有见到屈原？如果没见到，就再把你推下去！"

"臣见到屈原了！"弄臣一本正经地回答。

皇帝笑了起来，继续问："屈原跟你说了些什么吗？"

"是说了些什么，"弄臣恭敬地说，"屈大人说他没遇上好主子，所以才投了水，我有这么英明的主子，为什么也要投水？"

又是拍马屁又是求饶服软，皇帝乐歪了，马上饶了这名弄臣。

越是棘手的事情，越是需要幽默。幽默不只是娱乐自己，同时也能娱乐别人，只要人们都能笑得出来，还会有什么解决不了的大事呢！

幽默是一种魅力，也是一种人格力量。幽默所包含的特性是逗人快乐，所包含的能力是感受和表现有趣的人和事，制造愉悦的气氛。对于个人而言，懂得幽默的人往往比不懂幽默的人，更具有吸引力和凝聚力。

在人际交往中，幽默是心灵与心灵之间快乐的天使，拥有幽默就拥有了爱和友谊。凡是具有幽默感的人，所到之处，皆是一片欢乐和融洽的气氛。在无法避免的冲突中，幽默感不强的人就要面临考验，是拍案而起、横眉怒目，还是悲天悯人、大智若愚？幽默者的高明在于即使到了针锋相对之时，也不像平常人那样让心灵被怒火烧得扭曲起来，而是仍然保持相当的冷静。在对方已感到别无选择时，幽默者仍然有多种多样的选择。

一个秃头者，当别人称他"理发不用花钱，洗头不用汤"时，他当场变了脸，使原本比较轻松的氛围变得紧张起来。一位演讲的教授，也是一个秃头，他在自我介绍时说："一位朋友称我聪明透顶，我含笑地回答：'你小看我了，我早就聪明绝顶了。'"然后他指了指自己的头说，"我今天演讲的题目是外表美是心灵美的反映。"教授就这样开始了自己的演讲，整个会场充满了活跃的气氛。同样是秃头，同样容易受到别人的揶揄和嘲谑，为什么不同的人得到的却是别人不同的认可，其间的缘故就是有没有幽默感。

一位钢琴家，有一次在美国密歇根州的福林特城演奏，发现到场的听众不到大半，他当然很失望也很难堪，但是他走向舞台时却说："福林特这个城市一定很有钱，我看到你们每个人都买了两三个座位的票。"于是整个大厅里充满了欢笑，他也以寥寥数语化解了尴尬的场面。

由此可见，幽默不仅反映出一个人随和的个性，还显示了一个人的聪明、智慧以及随机应变的能力。但要注意的是，幽默既不是毫无意义地插科打诨，也不是没有分寸地卖关子、耍嘴皮。幽默要在入情入理之中，引人发笑，给人启迪，这需要一定的素质和修养。

在生活中运用幽默，能缓解矛盾，调节情绪，促使心理处于相对平衡的状态。著名的喜剧大师卓别林曾说："通过幽默，我们在貌似正常的现象中看不出不正常的现象，在貌似重要的事物中看不出不重要的事物。"

可见，一个社会不能没有幽默。有人形象地说："有幽默感的语言是一篇诗文；有幽默感的人是一座雕像；有幽默感的家庭是一间旅店，而有幽默感的社会是不可想象的。"人们给保加利亚的加布罗沃城冠以"笑城"的美称，该城被称为讽刺与幽默之乡，这个城市的人们的言谈中常带幽默、谐趣之语，因而开朗乐观，成为了加布罗沃城居民的普遍品格。

话语中的幽默之道

语言要富有幽默感，必须言之有物，使其形象生动。以实求幽默，幽默有；以虚求幽默，幽默无。语言真实形象生动，能促使人联想，产生"具象"，让人感觉回味无穷。

有一次，一位讲师在大学讲课。礼堂非常小，听众很多，天气闷热，很多人都无精打采的。这时，这位讲师便讲了一个故事："那年我在外地读书时，看见许多做苦力的工人聚在一起谈得很起劲，听得人哈哈大笑。我觉得奇怪，便走上前去。有一个苦力说：'后生哥，读书好了，知道我们的事对你没有什么帮助。'还有一个告诉我：'我们当中有一个行家，牢牢记住那马票上面的号码，把它藏在日常用来挑东西的竹杠里，等到开奖时，竟真的中了头奖，他欢喜万分，以为领奖后可以买洋房、做生意，这一生再也不用这根挑东西的杠子过生活了，就把竹杠狠狠地扔到大海里。'不消说，连那张马票也一起丢了。因为钱没有到手先丢了竹杠，结果是空欢喜一场。"讲师的风趣，引来台下一片笑声，那些打瞌睡的人也禁不住跟着笑了起来。这个充满幽默感的故事，不仅让昏昏欲睡的人清醒了过来，也使得自己的演讲取得了良好的效果。

我们通过分析就能知道，这位讲师的话，言之有物，生动形象，使人通过联想产生了一种"具象"，而且这种"具象"的愿望与结果，又严重背离，从而达到了强烈的幽默效果。

幽默达人的妙招

我们既然想利用幽默来达到活跃人际关系的目的，那么在说话时，就要掌握一些幽默又不失尺度的方式。

1. 利用夸张的效果

把事实进行无限制的夸张，造成一种极不协调的喜剧效果，也是产生幽默的有效方法之一。有时候为了摆脱无谓的纠缠，故意虚张声势，利用夸张的事实与现状的矛盾，形成幽默，达到预期的目的。

有一天，林肯因身体不适，不想接见前来白宫要官的人。但是，一个要官的人却赖在林肯的身边，准备坐下长谈。正好这时，医生走进房里，林肯向他伸出双手，问道："医生，我手上的斑点到底是什么东西？"医生说："我全身都有。"林肯说："我看它们是会传染的，对吗？""不错，非常容易传染。"医生说。那位来客信以为真，马上站了起来，说："好了，我现在不便多留了，林肯先生，我没有事，只是来探望你的。"林肯与医生假戏真做，假称"斑点"非常容易传染，虚张声势，虽不动声色，却把那位要官的人吓跑了。这种夸张幽默，让林肯摆脱了纠缠。

2. 巧用双关语

"一语双关"可谓是幽默最厉害的招式之一，它在"幽默"的同时，还隐含了"智慧"的成分。"一语双关"恰如其分，活脱脱地表达出对人及事的看法，除了使人们"不禁莞尔"或"哈哈大笑"以外，更是"机智人生"的呈现。

所谓双关，也就是说出的话包含了两层含义：一是这句话本身的含义；另一个是引申的含义，幽默就从这里产生出来。也可以说是言在此意在彼，让听者不只从字面上去理解，还能领会言外之意。

利用字的谐音来制造双关的效果，会显得很有幽默感。传说古代有位大臣的一个远房亲戚，胸无点墨却热衷科举，一心想借这位大臣的关系捞个一官半职。他在考场上打开试卷，竟无法下笔，眼看要交卷了，便"灵机一动"，在试卷上写下"我乃当朝大臣的亲妻"，指望能被主考官录取。主考官批阅这份考卷时，发现他竟把"戚"错写成"妻"，不禁捻须微笑，提笔在卷上批道："所以我不敢娶你。""娶"与"取"同音，主考官针对他的错字，来了个双关的"错批"，既有很强的讽刺意味，又极富情趣。

3. 进行有意的曲解

所谓曲解，就是对对象进行"歪曲"，并"荒诞"地进行解释，以一种轻松、调侃的态度，将两个表面上毫不沾边的东西联系起来，造成一种不和谐、不合情理、出人意料的效果，从而产生幽默感。也就是有意违反常规、常理、常识，利用语法手段，打破词语的约定俗成，临时给它以新的解释，甚至对问题进行歪曲性解释，把毫不相关的事捏在一起，从而造成因果关系的错位或逻辑矛盾，得到出人意料的结果，形成幽默感。

有意曲解还包括偷换概念，即将对方谈话中使用的概念借用过来，并赋予新的内容，也会产生幽默的效果。

偷换概念的另一种方法是"以偏概全"。对于范围过宽或比较抽象的问题，只用其中的一个方面进行说明，既有利于回答难以回答的问题，又体现了幽默感。

有一次，一名新闻记者问萧伯纳："请问乐观主义者和悲观主义者的区别何在？"这是一个范围很大且很抽象的问题。如果要从理论上做出一个准确的回答，恐怕费好大劲也不一定能令对方满意。于是萧伯纳说："假如这里有一瓶只剩下一半的酒，看到这瓶酒的人如果高喊：'太好了，还有一半！'这就是乐观主义者；如果悲叹：'糟糕，只剩下一半了。'那就是悲观主义者。"在这里，萧伯纳巧妙地使用"以偏概全"的方法，选择了一个生动的事例，化大为小，回答得轻松自如，不仅颇有幽默感，而且令人回味无穷。这与爱因斯坦用一个小伙子坐在火炉旁和坐在一名少女旁的不同感受解释他的相对论，有异曲同工之妙。

4. 正话反说

有一则宣传戒烟的公益广告，上面完全没提到吸烟的害处，相反却列举了吸烟的四大"好处"。一能省布料：因为吸烟的人易患肺痨，导致驼背，身体萎缩，所以做衣服就不用那么多布料；二能防贼：抽烟的人常患气管炎，通宵咳嗽不止，贼以为主人未睡，便不敢行窃；三能防蚊：浓烈的烟雾熏得蚊子受不了，只得远远地避开；四能永葆青春：不等年老便去世了。

这里说的吸烟的四大"好处"，实际上是吸烟的害处，这种幽默，让人从笑声中悟出其真正要说明的道理，即吸烟危害健康。

这就是所谓的正话反说，说出来的话，所表达的意思与字面意思完全相反。如字面上肯定，而意义上否定；或字面上否定，而意义上肯定。这也是产生幽默感的有效方法之一。

秦朝有个很有名的幽默人物优旃。有一次，秦始皇要大肆扩建御园，多养珍禽异兽，以供自己围猎享乐。这是一件劳民伤财的事，但大臣们谁也不敢冒死阻止秦始皇。这时，优旃挺身而出，他对秦始皇说："好，这个主意很好，多养珍禽异兽，敌人就不敢来了，即使敌人从东方来了，下令麋鹿用角把他们顶回去就足够了。"秦始皇听了不禁破颜而笑，并破例收回了成命。

优旃之所以能成功地劝服秦始皇，主要是巧用了幽默的力量。他的话表面上是赞同皇帝的主意，而实际意思则是说如果按皇帝的主意办事，国力就会空虚，敌人就会趁机进攻，而麋鹿是没有能力用角把他们顶回去的。这样正话反说，字面上赞同了秦始皇，也足以保全自己；而真正的意义，又促使秦始皇在笑声中醒悟，从而达到了他的说服目的。

5. 出其不意

说出别人想不到的话，表达别人想不到的事，这是幽默的宗旨，即所谓的标新立异，出奇制胜。这样，会使你的语言具有特殊的说服力，达到更好的沟通效果。

一个顾客在酒店喝酒，他喝完第二杯后，转身问老板："你一星期能卖出多少桶啤酒？""35桶。"老板得意洋洋地回答道。"那么，"顾客说，"我倒想出一个能使你每星期卖掉70桶啤酒的方法。"老板很惊讶，忙问："什么方法？""这很简单，只要你把每个杯子里的啤酒装满就行了。"这位顾客的本意是指责老板卖的啤酒只有半杯，但他利用老板唯利是图的心理，巧妙地设下一个圈套，让老板不知不觉地钻进去，然后出其不意地指责老板的不当行为。

实际上，所有的幽默都是以"出其不意"而制胜。尽管它多用于揭露弊端、讽刺卑俗与愚蠢，但绝不是锋芒毕露，相反，它总是委婉地指出人们的缺点，让人们在笑声中看到自己或他人的丑行或影子，顿悟而悔改。在一家餐馆里，一位顾客正把饭中的砂石一粒一粒地拣出来摆放在桌子上。服务员看见了，不好意思地说："净是砂子吧？"顾客笑笑，摇摇头说："不，还有米饭。"这位顾客没有直接批评饭的质量。他抓住服务员说的"净是砂子"做文章，便说"还有米饭"，通过否定的形式来肯定米饭中有很多砂子，就显得非常委婉，这样既表达了自己对米饭中砂子过多的不满，又不至于引起对方的反感。

6. 进行巧妙的解释

美国总统林肯在学校读书时聪慧过人，有一次老师想难住他，便问："我想考考你。你是愿意回答一道难题，还是两道容易的题目？"林肯说："回答一道难题。""好吧，那么你说，蛋是怎么来的？"老师问道。"鸡生的。"林肯答道。"鸡又是哪里来的呢？""老师，这是第二个问题了。"林肯说。老师想把林肯引入"鸡生蛋，蛋生鸡"这个纠缠不清的问题中，但林肯却用巧妙的解释避开了。

英国著名女作家阿加莎·克里斯蒂同比她小14岁的考古学家马克斯·马温洛结婚后，有人问她为什么要嫁给一个考古学家，她幽默地说："对于任何女人来说，考古学家是最好的丈夫。因为妻子越老，他就越爱她。"这一巧妙的解释，既体现了克里斯蒂的幽默感，又说明了他们夫妻关系的和谐。

有一位读书人，当了新郎后仍然保持读书到深夜的习惯，妻子满腹怨气。一天她对丈夫说："但愿我也能变成一本书。"丈夫疑惑不解："为什么？""那样你就整日整夜把我捧在手上了。"丈夫顿时明白了妻子的用意，打趣说："那可不妙，要知道，我每看完一本书，都要换新的……"这位丈夫的巧妙解释，不仅表达了他对书的热爱，更表达了他忠于妻子的感情。

上面这三则充满幽默感的故事，很好地说明了巧妙的解释能产生很强的幽默感，即对原意加以巧妙的解释而造成幽默效果。

7. 使用模仿语言

模仿现存的词、句及语气等而创造新的语言，是幽默方式中很常见的一种，即借助于某种违背正常逻辑的想象和联想，把原来的语言要素用于新的语言环境中，造成幽默感。

一位军官的朋友向他打听某种军事秘密，他不想严词拒绝而使对方难堪，又不能因私废公。于是，他故作神秘地问道："你能保守秘密吗？""能！"对方答道。"那么，我也能。"军官说。这位军官就是模仿了对方回答的方式和语气，从而摆脱了窘境，既保守了军事机密，又维护了朋友之间的感情。

使用模仿语言还可以直接借用原文。比如，一位导游带一个旅游团游黄山，于凌晨5点前往狮子峰观日出，可是刚到半山腰就听到有人声。他们来到山顶，发现狭小的山顶上"有利地形"全部被占据，于是导游笑着说："这真是'莫道君行早，更有早行人'啊！"导游借用了一句完整的诗，但它所表现的意境却完全不同，它包含了导游对"有利地形被占据"的无奈。而游客在她的幽默感染下，也少了一些失望。

幽默离不开智慧

幽默是智慧的产物，能反映人情绪智力的高低，能促进身心健康。

蕴藏着人生哲理，妙趣横生、妙语连珠的幽默，使人思想乐观、心情愉快、意志坚定。

有一天，著名诗人海涅正在伏案创作。突然，有人敲门，原来是仆人送来一件邮包。寄件人是海涅的朋友梅厄先生。海涅因紧张地写作而感到有些疲倦，又因被人打断了写作思路而很不高兴。他不耐烦地打开邮包，里面包着层层纸张。他撕了一层又一层，终于拿出一张小小的纸条，小纸条上写着短短的几句话："亲爱的海涅，我健康而又快活！衷心地致以问候。你的梅厄。"尽管海涅感到不耐烦，但是这个玩笑却让他十分开心，疲倦感即刻消失。他调整情绪后，决定对他的朋友也开一个玩笑。

几天后，梅厄先生收到了海涅的一个邮包。邮包很重，他无法把它拿回家，于是他雇了一个脚夫帮他扛回家去。到家后，梅厄打开了这令人纳闷的邮包，惊奇地发现里面是一块大石头。石头上有一张便条，上面写着："亲爱的梅厄！看了你的信，知道你又健康又快活，我心上的这块石头落地了。我把它寄给你，以永远纪念我对你的爱。"

有时，幽默还能缓解沟通中的紧张气氛，避免许多不必要的冲突。

有一次，诗人歌德在公园散步，在一条小道上不巧碰见曾经攻击过他的政客。对方满怀敌意地说："对于一个傻子，我是从来不让路的。"歌德立即回答："而我则相反。"说完，便马上让到路边去了。这件事虽然反映了政客的傲慢无礼和歌德的豁达大度，但更重要的是歌德幽默的回答，虽然只有五个字，却反映出了他的机敏和回敬的巧妙，也让狭路相逢的一对冤家免去了一场僵持不下的冲突，充分显示了歌德的宽宏大量和优雅风度。

莎士比亚说："幽默是智慧的闪现。"与幽默相联系的是智慧。在沟通中，要善于使用幽默的技巧，就需要具有一定的智慧。而对于一个才疏学浅、举止轻浮、孤陋寡闻的人来说，是很难生出幽默感来的。

具体来说，产生幽默的条件至少要包括以下几方面：广博的知识和深刻的社会经验；敏锐的洞察力和想象力；高尚优雅的风度和镇定自信、乐观轻松的情绪；良好的文化素养和语言表达能力。

要使自己的思维超乎常理，其智慧就在于临机应变。这有赖于思维的敏捷度，而恰当的幽默也必不可少。

此外，一个人谈吐幽默，是同他的聪明才智紧密相连的。这就要求我们要具备良好的文化素养和丰富的文化知识。如果一个人对古今中外、天南地北、风土人情等各方面都有所了解，再加上有较强的驾驭语言的能力，那么说话就容易生动、活泼和有趣。遍观古今中外著名的幽默大师，他们通常又都是语言大师。幽默并不是矫揉造作，而是自然的流露。有人深有感触地说："我本来无心讲笑话，笑语自然就从口里出来了。"其中的道理正说明了这一点。

人的力量有大有小，如果你暂时无力改变你的遭遇，何不先试着改变一下对待遭遇的态度呢？人虽然不能永远快乐，但是可以永远乐观，这不是逃避现实的阿Q精神，而恰恰是对强权的蔑视，对不公正命运的反抗。那些真正有幽默感的人，无一不是生活的强者。

开玩笑要适度

一个人说话的内容不论如何精彩，如果时机掌握不好，就无法达到说话的目的。因为听者的内心，通常随着时间的变化而变化。如果想让对方愿意听你的话，或者接受你的观点，就要选择合适的机会。

1. 幽默的表达要真诚

友善的幽默能表达人与人之间的真诚友爱，能沟通心灵，拉近人与人之间的距离，填平人与人之间的鸿沟，是希望与他人建立良好关系的不可缺少的东西。特别是当一个人要表达内心的不满时，如果能使用幽默的语言，别人听起来会顺耳一些。当一个人要把别人的态度从否定改成肯定时，幽默具有很强的说服力。当一个人和他人关系紧张时，即使在一触即发的关键时刻，幽默也能使彼此从容地摆脱不愉快的窘境或消除矛盾。

有一天，萧伯纳在街上行走，被一个骑自行车的冒失鬼撞倒在地，幸好没有受伤，只是虚惊一场。骑车的人急忙扶起他，连连道歉，可是萧伯纳却惋惜地说："你的运气不佳，先生，你如果把我撞死了，你就可以名扬四海了！"萧伯纳的这一句妙语，把他和肇事者双方从不愉快的、紧张的窘境中解放了出来，也让这场事故得到了友好的处理。萧伯纳的幽默不仅给对方留下了难忘的印象，又给人以友爱和宽容。

有一次，萧伯纳的脊椎骨不舒服，去医院检查。医生对萧伯纳说："有一个办法，从你身上其他部位取下一块骨头来代替那块坏了的脊椎骨。"又说，

"这手术很困难，我们从来没有做过。"很明显，医生的意思是这次手术所要收取的费用非同一般。如果萧伯纳与医生争论，或表示不满、失望，将会和医生处于对立的局面。而对立的结果，会给双方带来难堪，也会影响治疗的效果。但是，萧伯纳听了医生的介绍后，淡淡地一笑说："好呀！不过请告诉我，你们打算付给我多少手术试验费？"一个很棘手的问题，被萧伯纳处理得极其巧妙，也避免了不愉快的争执。

2. 幽默要注意场合

幽默被誉为现代人为人处世的重要法宝之一，也是用来衡量一个人的口才乃至智慧的标准。很多人都在想方设法使自己成为一个幽默的人、一个有情趣的人。但是，幽默要注意场合、对象，还要把握一定的尺度，切不可生搬硬套。最不可取的是无话不幽默，且不分场合、不分对象，弄得大家烦不胜烦，还成为了他人茶余饭后的笑料。滥用幽默会冲淡你真正的工作成绩，还得不偿失。正确的态度是把幽默看作味精——少则有味，多则恶心。

不分场合的幽默，结果只能适得其反。比如，管理者开会，正在台上向职员发表讲话，你却在这个时候突然冒出一两句逗人的话。虽然大家被你的幽默逗乐了，然而管理者会认为你是一个不守纪律、缺乏礼貌和修养的人，会在心中留下对你的不良印象。又如，管理者和职员欢聚在一起，说些幽默的话逗乐，而你却把这种幽默引向歧途，说了不雅的话，管理者当然会认为你是一个不知高低的冒失鬼。

使用幽默一方面要看准对象，看准场合；另一方面还要抓住时机。发挥幽默也需要"素材"，即特定的场合、情境等，这些就像机遇一样，可遇而不可求，关键在于能否随机应变。如果为幽默而幽默，就会显得生硬、不合时宜、不伦不类，不但不能成为沟通中的"润滑剂"，反而还可能增加沟通的"摩擦系数"。

［第5章］
左右逢源：好好说话能推进和谐的人际关系

好好说话与人际关系两者相互促进、相互影响。能够与对方好好说话能赢得和谐的人际关系，而和谐的人际关系又使沟通更顺畅。相反，人际关系不好，会使沟通难以开展，而不恰当的沟通又会使人际关系变得更坏。

设法保住他人的面子

　　别人也许真的错了，但他们自己并不这么认为；或者，他们虽然明知错了，也希望得到足够的尊重。所以别去指责他们，因为那是愚蠢的做法，要尝试着去理解他们。

　　一个人犯错，通常不是因为他不知道是在犯错，而是因为他想犯错。宣传教育对于想犯错的人基本无效。防止犯错的方法有两种：一种是让人不敢犯错，一种是让人不想犯错。前者是强制手段，见效快而难服人心；后者是沟通艺术，见效较慢而作用力持久。要想让一个人对自己的行为真正负责，需要依赖于他的自尊和良知的觉醒。那么，首先要设法让他保住面子，以免他自暴自弃。

　　有一种人，脾气粗野狂暴，不管什么事都能搞得像滔天大罪那样不可饶恕。他们这样做并不是出于一时的狂怒，而是源于他们自己的禀性。他们谴责每一个人，要么为这个人做过的某件事，要么为他将做的某件事。这暴露出一种比残忍还要可恶的性情，这种性情才真是糟糕透顶。他们是如此夸张地非难别人，以至于他们能把别人原本是芝麻大小的一个问题渲染得像西瓜那样大，并借此将其全盘否定。盛怒之下，他们还会把一切都推到极端。

　　这样做有什么好处呢？别人丢了面子，而他们得到了怨恨。

　　有智慧的人绝不会如此处理问题，他把别人的自尊放在第一位，然后才设法把事情导向好的方面。

一天中午，一位管理者到工厂进行例行检查时，看到一些员工在挂着"禁止吸烟"的标牌下面吸烟。没有比明知故犯更可恶的事情了，这是多数人的看法。这位管理者却没有像多数人那样直接暴跳如雷。他走到这些工人的身边，递给每个人一支烟，说："小伙子们，如果你们能在外面抽烟，我就真要感谢你们了。"

工人自然知道自己违反了厂里的规定，但管理者不仅没有指责他们，反倒给每人一支烟。他们的自尊得到了维护，当然要表现得像个有素质的人。所以，公然在厂内吸烟的人再也没有了。

当一个人犯了错时，通常能找到上百个理由为自己辩护，其中一个最常用的理由是："换了是你，不见得比我做得更好。"当一个人心里有了这种想法，你说得再多，他也不会心悦诚服。这时候，最有效的说服是言传身教，把你要求他做好的事做给他看。

日本企业家、三洋公司的创始人井植薰，喜欢遵守规则又敬业的员工。而他本人也绝对遵守公司的各项规章制度并且勤奋敬业，绝不因为自己是管理者而打半分折扣。比如，他每天早上7点准时到达公司，堪比闹钟还准，而且几十年如一日，若非出差，绝无误差。他本人如此律己，所以他的公司里几乎没有不勤奋敬业且不遵守规章的员工。

比尔·盖茨欣赏聪明而干劲十足的员工，但他没有每天安逸地躺在床上，逼员工加班加点干活。在创业的最初十几年，他和普通员工一样，每天工作16个小时，累了就往地板上一躺，睡上一觉，睡醒了爬起来接着干。

一个人能做到他提倡的事，比他唠唠叨叨说一万遍更有说服力。

有的人并无意伤害他人的面子，只是说话时表达不当，却造成了实际伤害的后果。

比如，有些管理者提倡"在总结成绩的基础上找差距"的这种批评方式，目的就是为了照顾员工的面子，效果却不见得好。

比如，管理者对一个业绩不佳的员工说："我对你的工作表现非常满意，但是如果你能在工作方法上注意一点，业绩肯定会提高。"

员工开始会觉得受到了鼓励，直到他听到"但是"两个字，他很可能因此而对最初的表扬产生怀疑，对他来说，这个表扬也许只是后面批评的引子而已，管理者可信性遭到质疑。

如果管理者这样说："我对你的工作表现很满意，而且你的进步也很明显，说明你在这方面有潜质。如果在工作方法上做一些改进，我相信你的进步会更快。"

这样，员工便不会感到批评的暗示，受到鼓励的同时，并尽力做得像管理者期待的那样好。

有的人把自己的面子看得贵如黄金，却把别人的面子看得贱如纸。他们为了自显高明，无视他人尊严，甚至将对方逼到非反抗不可的地步。其结果，也不过是自取其辱罢了。

在人际交往中，只要维护住双方的面子，一切争端都有回旋的余地；一旦撕破脸皮，就极可能转入火星四溅，双方都无力控制的局面。为了自己的面子，不给别人留余地，绝对是在做蠢事。

此外，在人际交往中，由于价值观不同，每个人都有自己的偏见。为了保住他人的面子，最好是给他们一个"台阶"下。这对于维持双方的关系是非常重要的。

让对方愿意听我们说话

有些人说话，虽然在内容上不占优势，但他们的说话方式却会给人一种非常舒服的感觉。毕竟说话者有其本性，每次对话会因为说话技巧的不同而有各种不同的反应。那么，让对方愿意听我们说话并把他们步步引入对话的绝佳境地有什么技巧呢？

1. 风格明快

在生活中，大多数人不喜欢晦暗的事物，即使草木也需要阳光才能生长。同样，给人阴沉感的谈话，会让人有疑虑感、厌恶感及压迫感。反之，说话简洁明快，则容易让人接受。

2. 声音独特

有的人说话的声音让人觉得是一种享受，因为他们的嗓音很动人。他们非常注意说话的声音，而选择说话的声音，完全依靠他们的天赋、个性及所要表达的情感而变化。如果条件允许，你可自我充当对象，把自己说的话录下来再仔细地听，你会吃惊地发现，自己说话时，竟有很多毛病。这样经常检查，你说话时，发音的技巧就会不断提高。

3. 语气肯定

每个人都有自尊心，也很容易因为某些微不足道的事就感到自尊心受损。如果在谈话中我们稍不注意说话的方式方法，对方会立即反射性地表现出拒绝的态度。所以要对方听你说话，首先得先倾听对方要表达些什么。所谓

"说话语气肯定"并不是指肯定对方说话的内容，而是指留心对方容易受伤害的感受。

4. 语调自然

自然的声音总是悦耳的，在交谈中我们要注意，交谈不是演话剧，无论你是什么样的语调，都要自然流畅，故意做作的声音只能事与愿违。当你交谈的对象不是一个人，而是许多人时，要采用一些技巧：当前一个人声音很大时，你开始说话时就要压低声音，做到低、小、稳；当前一个人音量较小时，你就要略提高嗓门，以引起大家的注意。

5. 习惯用法

在当今的语言环境中，我们对于语言拥有自己的运用标准，一旦不符合标准，就会产生不协调的感觉，其中包括语气与措辞。在人际关系中，确实有必要根据实际情况或对方是谁而分别使用适当的语言。如果不分亲疏远近，全部以和同事谈话时的措辞来谈，那么对方将不会老老实实地听我们说话。

"太好了""好棒哟""真可怕"这些都是一般女孩子说话时，常会冒出来的感叹词。当然，这也是一种感情洋溢的表现。一句话若没有抑扬顿挫，则流于平淡，引不起对方的兴趣，若能添一些感叹词，则能融洽彼此之间的谈话气氛，但要适可而止；过多的感叹词，亦会抹杀言辞的重要性，使对方不能分辨你的意思。

6. 思路清晰

当之前的谈话争论不休，而且没有头绪时，我们站出来讲话，就要力求语句简短，声音果断，有条理。

在大众场合发言时，要想清楚自己讲什么、怎么讲、讲到什么程度。再者最好不要夹在中间，要么赶在前面，要么最后再讲，这样才能使人印象深刻。

找到大家的共同话题

当一个人试图与对方交谈时，他最先需要选择的就是谈话的主题。通俗地讲，就是你要与对方谈什么，从什么开始交谈。如果你常常觉得与人谈话很吃力，恐怕最重要的原因就是你对应该讲什么话这个问题有很深的误解。

人们对交谈有一个最普遍的误解：以为只有那些最不平凡的事件才是值得谈的。这样的结果使他们彼此间的交谈索然无味。他们在搜肠刮肚地寻找重大事件的同时，却忽略了谈话本身所应具有的意义。你是否有过这样的体会，当你见到熟人的时候，你在脑子里苦苦地搜索，想找一些怪诞的奇闻和惊心动魄的事件，或是令人神往的经历，以及令人兴奋刺激的事情。

自然，这一类事情是一般人最感兴趣的了。能够在谈话的时候，说出这样动听的故事，无论对听的人，还是对讲的人，都是一种满足。

但是，这一类的事情在我们的生活中毕竟不多。有些轰动的社会新闻，是用不着你来说别人就已经听说过的。即使是你亲身经历过的比较特殊的事情，也不必到处一讲再讲。此外，你在某一个场合所讲的很受欢迎的故事，在另外一些人面前就不一定受欢迎。因此，你若认为只有那些最不平凡的事情才值得谈，那你就会经常觉得无话可说了。

其实，人们除了爱听一些奇闻逸事以外，也很愿意和朋友们说一些有关日常生活的普通话题。比如，小孩子长大了，要进哪一所学校比较好；花木被虫子咬了应该买哪一种杀虫剂；这个周末有什么好电影看，等等，这些都是很好的谈话题材，也都能使谈话双方感到有兴趣。总之，当你选择谈话的主题时，先要了解对方是否对此感兴趣，对方所具备的知识和经验是否能够把这次谈话进行到底。如果你能做到这一点，那么，你就能称得上是一个优秀的谈话者。

第 6 章

看人说话：先区分对象，再好好说话

　　要想说话，先要看准对象。如果时候不对，还是不说话的好。在家中，你要想和孩子好好说话，就要做到心平气和；破口大骂不但起不到任何教育意义，反倒会疏离了亲情。

不要为了说而说

在说任何话之前，我们都要在脑海中替别人想一想。这样，说出的话才不会引起矛盾和误会，也大体上不会犯错误。

其实，在生活中，我们很多时候犯的错误通常来自只从自己的角度思考问题。为了避免这样的错误，就得学会换位思考，并在此基础上调整行为的方式。换位思考就是完全转换到对方的角度思考，从而更理解他人、宽容他人；就是要求在观察处理问题，做思想工作的过程中，把自己摆放在对方的角度，对事物进行再认识、再把握，以便得到更准确的判断，说出话也才能真正说到别人的心窝里。

即使是最没本事的人，在责备别人时通常也能大发议论；即使是最聪明的人，在对待自己缺陷时也会含糊其词。我们只要经常用指责别人的态度来要求自己，用宽恕自己的心思去对待别人，怎么可能没有大进步呢？

儿时常做一种游戏：两腿叉开，头向下从两腿之间往后看过去。本来习以为常的乡间景色便有了新意。成年后，多了些社会生活经验，又读了些书，知道那种看似简单的游戏实际上蕴藏着并不简单的道理：换位思考。

仔细想来，生活中诸多不快、诸多矛盾的引发，未必都有多么复杂、多么严重的理由，如果能够互相了解、互相理解，也许根本就不会发生。而换位思考就是达到互相理解的一种有效途径。

上下交流，选择时机是第一

一般说来，人们在与自己同等级、同层次的人讲话时，表现会比较正常，行为举止也会比较自然、大方。但是，在与比自己地位高的人讲话时，就可能感到紧张，表现拘谨，并且自卑感强；相反，在与社会地位低于自己的人讲话时，就会表现得比较自如、自信，甚至比较放肆。

比如，有的人在自己的管理者面前从不敢"妄言"，和同一科室的同事也不多说话，可是在自己的员工或所管班组面前讲话时，则落落大方，侃侃而谈。有的则在一般人面前总是摆出一副能者的架势，可是见到权威就显得十分驯服和虔诚。

因此，上下级之间的交流，管理者要避免采取自鸣得意、命令、训斥员工的口吻说话。要放下架子，以平易近人的方式对待员工。这样，员工才会向你敞开心扉。

谈话是一项双边活动，只有感情上的贯通，才谈得上信息的交流。平等的态度，除说话内容外，还可以通过语气、语调、表情、动作等体现出来。所以，不要以为这是小事，纯属个人的习惯，不会影响上下级的谈话。实际上，这会关系到员工是否敢向你接近。此外，管理者同员工谈话时，要重视开场白的作用。不妨与员工先扯几句家常，以便使感情接近，减少拘束感。

管理者同员工说话时，不宜做否定的表态："你们这是怎么搞的？""有你们这样做工作的吗？"

在必要发表评论时，应当善于掌握分寸。点个头、摇个头都会被人看作是管理者的"指示"而贯彻下去，所以，轻易的表态或过于绝对的评价都容易失误。

例如员工汇报某改革试验的情况。作为管理者，更宜提一些问题，或做一些一般性的鼓励："这种试验很好，可以多请一些人发表意见。""你们将来有了结果，希望及时告诉我们。"这种评论不涉及具体问题，留有余地。如上级认为员工的汇报中有什么不妥，表达更要谨慎，尽可能采用劝告或建议性的措辞："这个问题能不能有别的看法，例如……""不过，这是我个人的意见，你们可以参考。""建议你们翻翻最近到的一份材料，看看有什么启发？"这些话，有一种启发的作用，主动权仍在员工手中，对方更容易接受。看吧，这就是有效的沟通，而不是高高在上地颐指气使。

员工对管理者说话，则要避免采用过分胆小、拘谨、谦恭、服从，甚至唯唯诺诺的态度讲话，改变诚惶诚恐的心理状态，而要活泼、大胆和自信。

员工与管理者的对话，成功与否，不只影响管理者对你的评价，有时甚至会影响你的工作和前途。

和管理者说话，要尊重，要慎重，但不能一味附和。"戴高帽""拍马屁"，等等，只能有损自己的人格，却得不到重视与尊敬，倒很可能引起管理者的反感和轻视。

在保持独立人格的前提下，你要采取不卑不亢的态度。在必要的场合，你也不必害怕表达自己的不同观点，只要你从工作出发，摆事实，讲道理，管理者一般都会予以考虑的。

还应该了解管理者的个性。上级固然是领导，但他首先是一个人。作为一个人，他有他的性格、爱好，也有他的语言习惯等。如有些领导性格爽快、干脆，有些领导则沉默寡言，事事多加思考，你必须了解清楚，不要认为这是"迎合"，这正是运用心理学的一种智慧。

此外，与管理者谈话还要选择有利时机。

管理者一天到晚要考虑的问题很多。所以，假如是个人琐事，就不要在他埋头处理大事时去打扰他。你应该根据自己的问题重要与否，去选择适当时机反映。

如何与管理者好好说话

与管理者交流沟通，要明白的道理是，事情本身的是是非非并不重要，重要的是所要达到的目的。顾客和售货员为谁应负责任争得脸红脖子粗；走了冤枉路的乘客和司机为谁没说清楚而大动干戈，事情越闹越大，该退的货没退成，该节约的时间没节约，双方都憋了一肚子的气。何苦呢！有人说，我就要争这个理。是，争下一个"理"，的确有一种胜利的感觉。但你想没想到过这个理的代价呢？反而是不争辩，放弃无谓的辩解，有时却能带给你意想不到的结果。

在管理者面前计较个人得失，不停地抱怨谁干得多了谁干得少了，只会显得你小肚鸡肠、心胸狭窄，也容易给管理者留下不能担当重任的不好印象。

有一位刚毕业的大学生，被分配到一所高校工作。一次他请个事假，那个月发工资的时候被扣了50元。他非常愤愤不平，明明有的老师上课迟到、早退都没事。他只不过请了假就被扣了50元。这个月发工资的日子要到了，那天他走进了校长的办公室，拿个本子，往桌上一扔说："校长你看。"校长拿那本子一翻，上面写着：某某人，早上三节课后，早退了。某某管理者，去参加会议后，没返回学校来……

校长说："哦，原来有这事，那我们一定查清楚，给大家一个公道。"那位小伙子觉得终于出了一口气。可是后来，奇怪的事发生了，再也没人和他说话了，大家都避着他。一年后，他觉得实在待不下去了，辞职走了。

真正成熟的职场人是不会在管理者面前计较个人得失的，他们有着成熟的心理，懂得调整心态来应对各种情况的出现，并把这种情况控制在别人能承受的范围内。

　　如果你是个职场新人，面对这些不公平的待遇，要调整心态，从另一个角度去看待它。比如，这些本来不属于你的职责范围内的事情却交给你做，正是管理者对你试用期的考验，想看你能否承担起繁重的工作压力，以及你能否胜任这份工作；在工作量大的情况下，你是以什么心态来面对的，等等。因此，当管理者安排给你"分外"的事情时，你不必表现出不情愿的姿态，要把它看作是提高和锻炼自己能力的机会。你的付出和劳动，管理者是看在眼里的，你的回报也可能通过另一种方式获得。在管理者面前计较个人得失，是心智不成熟的表现，任何一个管理者都不喜欢心胸狭窄、牢骚满腹的下属。

　　在工作中，个人的得失是小的方面，顾全大局才是最可取的。在管理者面前，我们不计较个人得失的大度会让领导刮目相看。

　　管理者对员工的事业和前途有着很大的影响，这种影响有时甚至是起决定性作用的。单从这一点考虑，在管理者面前就没有必要非得计较个人的得失。另外，不计较个人得失的心理，会让你在工作中赢得更多的主动和尊重，这也体现了你良好的修养和品格。这种大度的心理会为你赢得更多的机会。舍小得大，这才是我们要争取的。

　　主动言和是运用智慧寻找冲突的最佳解决方案，让问题最终得以处理。在处理冲突的问题上要冷静，绝不能像个孩子一样在冲突中放任自己，要运用自己的智慧和团队精神与管理者及同事尽量合作，让他们发现你其实是个理想的合作伙伴，这样做的同时也就给自己创造了一个良好的工作空间。

　　下面这个小故事相信会给你一定的启发。

　　"您好，"小李对管理者说，"昨天我交给您的文件签了吗？"

管理者转了转眼睛想了想，然后翻箱倒柜地在办公室里折腾了一番，最后他耸了耸肩，摊开两手无奈地说："对不起，我从未见过你的文件。"

　　如果是刚从学校毕业时的小李，他会义正词严地说："我看着您的秘书将文件摆在桌子上，您可能把它卷进废纸篓了！"可他现在不会这样说，他要的是管理者的签字。于是他平静地说："那好吧，我回去找找那份文件。"

　　于是，小李下楼回到自己办公室，把电脑中的文件重新调出再次打印，当他再次把文件放到管理者面前时，管理者连看都没看就签了字。这就是小李在与管理者发生冲突时的解决方式。

　　在生活与工作中，人们不可能具有同样的想法。在推广新战略，引入新方法、新技术的工作空间中，种种不一致演变为激烈的辩论或冲突是在所难免的，我们不可能天天碰到"笑脸"，故而也不可能天天都是"好心情"。

　　在日常工作中，我们经常面对意见分歧，经常遇到与自己想法不同的人。怀有分歧、心存反对的人无非就是在方向选择和对利益的认识上有所不同。尽管分歧乃至对立会使人们的关系变得紧张，但黄金准则在这时能帮上忙。那就是，你希望他人如何对待一个持不同意见的你，你就要如何去对待那些持不同意见的人。

　　就此而言，当你不同意他人的观点和看法时，或面对那些与你存在分歧甚至对立的人时，站起来与他针锋相对地争论一番并非上策。在日常生活中，我们经常看到，即使是那些无关痛痒的事，如果较起真来，都会导致针锋相对的激烈场面。在争论中，每一方都试图压倒对方，但这并不能解决任何问题，相反却会伤了彼此的和气，严重的还会破坏彼此的关系。

　　当我们面对与自己意见相左的人时，一种自然的心理反应，就是试图通过争论赢过对方。之所以会有这种反应，是因为面对这种不同意见，自己感觉受到了一种威胁与伤害，自尊乃至尊严也被冒犯。我们会变得激动、声高、言辞偏激、好斗、尖刻。如果将这种情绪化的反应扔给对方且对方也一报还一报，一场"恶战"必不可免。如果你不愿看到这种火药味十足的激烈场面，那么还是不要挑起异常争论为好。

与和自己意见不一致的人针锋相对地争论一番，使对方就范，接受自己的看法，这并非是一种明智的选择。我们在社会上生存，必须考虑自己的行为会带给社会什么影响，如果一个人想成为绝对的胜利者，而一味地提出自己的要求，则对方的态度必然变得十分激烈；而且所谓"自己的要求"，只不过是单方面对解决问题的意见而已，在其他方面应该还有一些更好的答案。一味地意气用事，不能把握交涉原则的人，也不可能获得任何双赢的结果。

另外，在工作中，有的人充满信心，有的人谨小慎微。但不管怎样，突然受到来自管理者的批评或训斥，都会对自己造成很大的影响。如果你也正巧处在挨批的行列，首先要端正态度，不要对管理者的批评表现出"不服气"，你"不服"的倔强改变不了任何局面。

受到管理者批评时，反复纠缠、争辩，希望弄个一清二楚，这是很没有必要的。确有冤情、确有误解怎么办？可找一两次机会表白一下，点到为止。即使管理者没有为你"平反昭雪"，也完全用不着纠缠不休。这种斤斤计较型的下属，是很让领导头疼的。如果你的目的仅仅是为了不受批评，当然可以"寸土必争""寸理不让"。可是，一个把管理者搞得筋疲力尽的人，又何谈晋升呢？

受批评甚至受训斥，受到某种正式的处分，惩罚是很不同的。在正式的处分中，你的某种权利在一定程度上受到限制或剥夺。如果你是冤枉的，当然要认真地申辩或申诉，从而保护自己的正当权益。但是受批评则不同，即使是受到错误的批评，使你在情感上、自尊心上，在周围人们心目中受到一定影响，但你处理得好，不仅会得到补偿，甚至会收到更有利的效果。相反，过于追求弄清是非曲直，反而会使人们感到你心胸狭窄，人们自然对你戒备三分了。

没有人会无缘无故发脾气或者批评别人，管理者之所以批评你，自然是你犯了某种错误。而要处理得好，就要坦诚地接受管理者的批评。还有一点很重要的就是要搞清楚管理者在批评你什么。

大多数情况下管理者批评或训斥下属，有时是发现了问题，促进纠正；有时是出于调整关系的需要，告诉被批评者不要太自以为是，别把事情看得太简单；有时是与员工保持或拉开一定的距离，突出自己的威信和尊严；有时是为了"杀一儆百"，不该受批评的人受了批评，代人受过等。总之，搞清楚了管理者批评你的原因，你便能把握情况，从容应对。

与同事交谈的二三事

同事既是良好的工作伙伴，也是主要的竞争对象，还是互帮互助的良师益友。对于现代年轻人来说，最难得的是拥有一个好同事，比一个好同事更难得的是拥有一群好同事。做好和同事的沟通工作，不仅会收获一份友谊，在事业上也会多一个得力助手。

与同事相处，太远了当然不好，人家会认为你不合群、孤僻、不易交往；太近了也不好，容易让别人说闲话，而且也容易令上司误解，认定你是在搞小圈子。所以，不即不离、不远不近的同事关系，才是最难得和最理想的。

刚刚步入职场的新员工都会有一种依赖心理，工作中遇到什么困难总希望得到同事的相助。如果同事正在忙其他的事而无暇顾及，或者表示出无能为力的态度，就会不高兴，认为同事对自己不好，不关心自己。这样的想法是不成熟的。

大学毕业后，小A进入一家大公司就职，但他对他的搭档极其不满：一项任务，其他各组早就完成了，自己也完成多时，可搭档至多才完成一半。因此，他常常因为搭档的失误而遭受同样的斥责。苦恼的小A向他的老师诉说了这一切。

老师听完后，就给他讲了自己的亲身经历：

"十几年前，我刚刚以优秀毕业生的身份登上讲台，我的搭档是一位已经有了两年教龄的女教师。当我很快站稳讲台并在新教师中崭露头角的时候，却发现自己的搭档为人懒散，无心教学。我们学科的综合成绩可想而知，经常因此挨管理者批评的我愤愤不平，却又无可奈何。一天，苦闷的我到街上去闲逛，偶然看到路边有四个女孩子在跳橡皮筋，其中一个矮个子女孩在橡皮筋升到一定的高度后就显得很吃力，这时，就由同伙的一个女孩子代跳，以至于后来那个女孩每个高度都要跳两次：自己一次，替矮个子女孩一次。我走过去问她：'你的伙伴这么差，你怎么还跳得这么卖力呢？'她微笑着对我说：'我的同伴的确跳得不是很好，但是，我如果不和她一组，就没人愿意和她一组，同时，也没人愿意和我玩，因为，她们都承认我跳得最好！'我望着不断上升的橡皮筋，好像明白了什么道理。回到学校后，我努力拼搏，加班加点，终于使学科的综合成绩有了较大的起色，同时也得到了管理者的肯定和同事的信任。

"相信我，孩子！你的努力绝对有人看得见！"这是老师给小A的启示。

一年后，小A告诉老师，他已经被提升为销售部经理了。

要想得到同事的帮助，就要在平时多帮助同事。工作中，每个人都是各司其职，没有人愿意甘当无私奉献者，同事也没有义务只负责帮助你解决问题。不要只喜欢接受帮助，而不愿意付出，不要觉得别人的帮助都是应该的。在得到别人的帮助的同时，自己也要想一想，多寻找机会帮助对方，这样才能赢得同事的喜爱和尊重。

人际关系心理学家认为：互惠互利是人际交往的基本原则。互惠互利原则，既包括物质方面的，也包括精神方面的。受传统观念影响，人们在交往中更愿意谈人情，而忌讳谈功利。实际上，人与人之间的交往，需求是多层次的，可以粗略地分为两个基本层次：一个层次是以情感定向的人际交往，比如亲情、友情、爱情；另一个层次是以功利定向的人际关系交往，也就是为实现某种功利目的而交往。

在交往的过程中，有时是为了满足物质需求，有时则是为了满足精神需求。换而言之，人际交往的最基本动机，就在于希望从交往对象那里获取自己需求的精神上的或物质上的满足。所以，按照人际交往互惠原则，良好的交往要采取的策略是既要感情，也要功利。

不管是感情还是功利，人际交往是为了满足双方各自的需求。人际交往的延续或不断加深的一个必要条件是：交往双方的需求和需求的满足必须保持平衡。否则，人际交往就会中断。也就是说，人际交往的发展要在双方需求平衡、利益均等的条件下才能进行。

互惠互利，是人际交往的一个基本原则。在交往中，要时时想到互惠这条基本原则。在交往中积极付出，这样就能满足交往对象的需要。有句话说得好："将欲取之，必先与之。"只有你帮助了同事，才能得到同事更多的帮助。

与同事们互帮互助，还要记住一点：帮助同事是自然而然的事，没有必要把你对某个同事的帮助大肆宣扬出去，搞得人人皆知，这样的做法是不好的。

宣扬自己的帮助，也就等于贬低对方的无能；在众人之下宣扬，更是显露出浅薄、不可一世的"丑态"。如果你总是把自己对同事的每一次帮助都像账目一样记得详详细细，不管大帮助还是帮小忙，逢人便拿出来说，相信以后再不会有人请你帮忙了。因为你对这样的帮助如此计较，让别人望而生畏，觉得请你帮助就要日后还清，一旦疏忽或健忘，还要忍受你的提示，在大庭广众之下接受"我的帮助竟然被这个粗心的家伙忘得一干二净"的话语，这样的"教训"可不是人人都喜欢的。

帮了别人的忙，就觉得有恩于人，于是心怀一种优越感，高高在上，不可一世，这种态度是很危险的。

帮同事做事，送了人情，等于大功告成，便不知道自己姓什么，简单的说成复杂的，小难题说成大困难，生怕人家忘了。

你比别人差的不是口才，而是好好说话

而给对方提供了帮助后，要注意下列事项：

1. 不要故意向对方表示你的帮助和显示自己的功劳

"我是在帮助你，日后你也得给我点好处。"这样的"帮助"就变成了"交易"，自然别人的心里就会有种负担。

2. 帮助要做得自然

也就是说，在当时对方也许无法强烈地感受到，但是日子越久越体会出你对他的关心，能够做到这一步是最理想的。在别人有困难的时候，能够伸出援助之手，是一种境界；在别人陷于困境的时候，能够悄无声息地予以全力帮助，小心地把自己的优越感掩藏起来，给受助者创造一个机会，而且巧妙得让对方竟然认为这种帮助是自然而然的，这是更高的思想境界。

3. 帮忙时要高高兴兴，不要心不甘、情不愿

如果你在帮忙的时候，觉得很勉强，意识里带着"这是为对方而做"的观念，或者对方对你的帮助毫无反应，你一定大为生气，认为"我这样辛苦地帮你忙，你还不知感激，太不识好歹了！"如此的态度和想法都是不可取的。

如果对方也是一个能为别人考虑的人，你对他的种种好处，绝不会像打出去的子弹，一去不回，他一定会用别的方式来回报你。对于这种知恩图报的人，要经常给他们一些帮助。总之，人际交往，帮忙是互相的，但不能像做生意一样赤裸裸，一口一个"有事吗""你帮了我的忙，下次我一定帮你"。忽视了感情的交流，会让人兴味索然，彼此的交情也维持不了多长时间。

在职场中，和同事互帮互助能够增进彼此之间的感情，和同事谈天说地、出行聚会也能增进彼此之间的感情，但不论何种方式，适合自己的才是最好的，如果在交往中"超负荷"了，不妨静心思考一下，是否偏离了本心。

银行职员刘涛工作4年了，在同事眼中他是个酷小伙，平时很少参与办公室闲聊。刚参加工作时，他保留着大学时代的纯真，性格开朗的他立刻受到了同事的欢迎。当时办公室里小团体现象很严重，不少人有意无意地拉拢他，相约下班后出去吃饭、唱歌等，夹在不同"派系"之间，刘涛感觉很吃力。而且，由于每日在人际关系中周旋，他逐渐变得圆滑和世故起来，读书、听音乐等业余爱好也渐渐搁置起来。老朋友都认为他越来越滑头、世俗，没有以前生活得认真。

刘涛也意识到自己在被同化，正在失去一些美好、本真的东西，一番痛苦的思索后，他开始"装酷"。在办公室里，他依然礼貌待人、努力工作，但很少参与同事间的闲聊；同事找他出去聚会，他也找借口"有事"推辞。他的特立独行向同事表明："我不属于任何一个团体，我就是自己。"与同事保持适当的距离，远离纷繁的人际关系之争后，刘涛感觉浑身轻松，下班后看书、运动，和朋友聚会，生活变得简单而充实。

有人认为"好朋友最好不要在工作上合作"，但大家聚在一起工作并不奇怪。如果某天，公司来了一位新同事，他不是别人，正是你的好友，而且他将会成为你的搭档。上司将他交托给你，你首先要做的是向他介绍公司的架构、分工和其他制度。如果在接待他时你战战兢兢，未免太敏感了，不如放轻松点，就当他是普通的同事。这时候，不宜跟他勾肩搭背，以免惹来闲言碎语。

在公司里，大前提是公私分明，他是你的搭档，你俩必须精诚合作，才能获得良好的工作效果。假如他是新人，许多地方是需要你提示的，这时，你就得扮演老师的角色，当然切不能颐指气使，更不能倚老卖老引起他人的反感。私下，你俩十分了解对方，也很关心对方，但这些最好在下班后再表达。跟往常一样，你俩可以相约去逛街、闲谈、买东西、打球，完全没有分别，只是，奉劝你一句，闲暇时，以少提公事为妙。

只有和同事保持适当的距离，才能成为一个真正受欢迎的人。要学会体谅别人，不论职位高低，每个人都有自己的工作范围和责任，所以在处事时，切莫喧宾夺主。不过过于泾渭分明，只会搞坏同事间的关系。在筹备一个任务前，谦虚地问管理者："我们希望得到些什么？要任务顺利完成，我们要在固有条件下做些什么？"

同办公室有好几个人，你对每个人要尽量保持平衡，不要对其中某一个特别亲近或特别疏远。在平时，不要总是和同一个人说悄悄话，进进出出也不要总是和同一个人。否则，你们两个也许亲近了，但疏远的人可能更多，有些人还以为你们在搞小团体。

记住，搞小圈子，有害无益。公私分明亦是重要的一点。同事众多，总有一两个跟你特别投缘，私底下成了好朋友也说不定。但无论你的职位比他的高或低，都不能因为要好这个原因，而做出偏袒或恃势。一个公私不分的人，是做不了大事的，更何况，管理者对这类人最讨厌，认为不能信赖。

办公室是个特殊的场合，同事是一个特殊的群体，与同事交谈，不能像和朋友交谈那样无所顾忌，直来直去，也不能像同家人那样可以任意地点评某人好、某人坏。相处久了的同事，还要保持若即若离的距离，何况是初来乍到的新同事，所以在不十分了解同事的背景下，不要私自做评价，也不要议论是非。在不了解公司内情的时候，不要在同事面前议论和评价公司。

人人都不喜欢听议论之词，尤其是负面的议论和评价，即使议论的中心不是你，你也要左耳进右耳出，不必就此话题深入挖掘。

平时在工作的空闲阶段，聊天总是能成为办公室的人打发时间的主要形式。聊天的范围虽然不受限制，但要注意格调，也就是不讲庸俗低级、格调低下的话题。比如搬弄是非、贬低他人的话题。对方的缺点和不喜欢的事也不应作为话题。

在办公室里聊天，重要的一点就是不要妨碍他人，在公众场所大声聊天是不受欢迎的。善于聊天的人，从不会自以为是，用教训人的口气说话。

有时不在办公室里，而是在电梯间里邂逅，或是在开会前偶遇，这时也免不了有一番闲谈。交谈的长短应随交谈对象和交谈地点的不同而异。

虽然闲谈看起来是微不足道的小事，但它有时却显得非常关键。谈得太多会被人觉得神经质，不理会别人则会被人误以为过于清高。仅仅谈论工作的人则显得思想有些狭隘。因此，你应把每次与其他同事的相遇都看成是一次展示交际才能的机会，一次因自己的言谈打动别人的机会。

闲谈的能力在工作中是非常必要的，有助于与同事协调情感、增加信任。如果你在公司多年打拼，在工作勤奋的情况下仍然不能取得进展，那你就要反省自己是不是因为缺乏交际的技巧而丧失了成功的机会。要知道，掌握闲谈的技巧也是人际关系中一项极为重要的内容。

作为一个有心的聊天者，如果几个人在一起聊天，你就要注意让大家都有发言的机会。不要故意提出一些挑战性的问题，以免引起激烈争论，以至于不欢而散；如果有前辈在座，你更要虚心有礼了，不要随意打断前辈的话或抢在前辈之前发言。

聊天是一种交换意见、交流思想和交融情感的交谈活动。它在人际关系中，有时是润滑剂，使人们消除摩擦，化解矛盾；有时又是黏合剂，使人们互相贴近、彼此了解。正因为如此，你要懂得利用谈心的方式沟通心灵，推动工作。

聊天时，避免冷场是谈话双方共同希望的。但万一出现冷场时，你还是要有所准备。作为聊天的一方，你可以通过转换话题的方式打破冷场，在你转换话题时，要提出一个大多数人都感兴趣并有可能参与讨论、发表看法的问题，或是开个玩笑，活跃一下气氛，再转入你要说的正题。

要知道，聊天的话题是否有趣和冷场的出现有很大的关系。"曲高和寡"

会导致冷场，"淡而无味"同样也会引发冷场。如果你不希望出现冷场，应当事先做些准备，使自己有一点应急的话题，以备不时之需。

　　一般来说，可供应急的话题包括：对方的个人爱好、对方的健康、新闻趣事、公司取得的成就等。

被你说服的才是客户

世界上最伟大的推销员告诉我们，成功的推销主要依靠良好的沟通能力。

与顾客沟通，体现在推销工作的方方面面，如拜访客户需要沟通，沟通不当就会被客户拒之门外；推荐商品需要沟通，好让顾客清楚地了解商品，进而产生信赖，沟通不当就会令顾客心生怀疑，对商品不认可；处理顾客的异议和矛盾，更需要良好的沟通，才能化解纷争，留住客户，沟通不当就会得罪顾客，流失客户。在最后的服务环节，也需要沟通，才能给顾客一个放心的承诺，而沟通不当就难以赢得顾客的信赖和好感。

没有说服不了的客户，只有不会沟通的推销员。为此，推销员要做好推销工作，增长业绩，就不能忽视与客户之间的沟通。

首先，你要做到的就是不要输在第一印象上。初次见面，顾客容易以貌取人，一定要衣着大方合体，与自己的身材、年龄、个性以及所推销产品的风格相配合。同时，一定要精神面貌良好，面带微笑，保持诚恳、尊重、自信、热情的态度。举止要从容优雅，谈吐亲切自如。

由于推销员是陌生人，顾客会有怀疑和防备心理。因此，坦诚和关心是推销之初缩短双方距离的最好武器。首先，要明明白白地介绍自己的姓名、身份及愿望。其次，要真诚地关心顾客，帮助拿重东西，照顾孩子，谈谈对方的工作、家务、身体等话题。同时别忘了适当地赞美对方，注意掌握分寸，是真心赞美而非吹捧。这样，顾客很容易接受你，消除陌生感。

也许你觉得在接近顾客时，总是会遭到拒绝。被拒绝后，保持心平气和、从容不迫的良好礼仪就显得十分重要。要保持微笑，目光正视对方，不必难为情地低下头或转身就走，仍应礼貌地道声"打扰了""谢谢"，然后告辞。

若是一切都进展顺利，开始进行推销的你要怎样才能做好这项工作呢？其实推销的过程主要是介绍商品、解答顾客的疑问。推介过程中要注意以下礼仪：

要自始至终地尊重顾客，耐心细致地介绍商品，允许顾客提问，不可轻易打断对方的谈话，或者自己一直滔滔不绝地说下去，适时问一句："您看呢？""您觉得呢？"

要诚实、客观地介绍商品优缺点。只讲优点不谈缺陷的方式只会令顾客生疑，因此，正确的推销礼仪是全面、透彻地介绍商品的长处，同时简略地说明稍差的方面，给对方以诚实可信的感觉。

对顾客提出的异议要耐心对待。有异议说明顾客开始关注你的商品，因此更应热心地解释说明，即使对方的看法有误，也不要争辩，不要争吵，更不能面露不屑与不悦。应多听善说，引导、说服顾客而不要驳斥顾客。即使否定对方观点也要在遣词上维护对方，不可嘲笑对方。

对待顾客的提问要处理得当。一般性问题应立即回答，不能避而不答或含糊其词。对有些技术性强的问题和异议，则应稍作思考或延缓回答，可表现出负责任的慎重态度，必要时可暂不回答，待查阅资料或电话请教专业人员、负责人之后再回答。有时，顾客的自言自语或玩笑以及关系不大的问题可不必作答，否则反而招致麻烦。

推销过程中不可过度热情。恰当的热情可促使推销成功，但不要造成急于催促对方购买的印象和压力。应适时地闭上嘴，容对方察看或考虑，但沉默时间不要过长，适时插话，主动提出并分析对方的担心，显得热情而不急功近利。

在成功运用这些方法促成了一桩生意后，成交就是推销基本成功的标志，但也并非意味着推销工作的结束，因为即使达成交易，对方也会更改意见，这时就要看你的礼仪表现了。

成交时不要喜形于色，从而失去了原有的沉稳。表情、态度要自然、平静，要保持常态。要赞美顾客的眼光，要将成交归功于对方，而不能沾沾自喜，否则容易令顾客反感，也许会失去购买兴趣。

少说话，谨慎用词。既然已达成交易，就切忌再啰唆地说个没完，一则令人生厌，二则可能会有口误，导致节外生枝。

热情告别。成交后可略转换些轻松的话题，聊聊天，不可一成交就立即走人。应上前与顾客握手告别，面带微笑表达合作愉快及谢意。

应留下联络地址及电话，表示有任何事情尽快找你，一定尽力解决。告别后一段时间应主动再联系询问一下顾客的意见和要求，这样才显得礼数周全、善始善终。

推销是一个环节紧密有序的工作。推销员从约见客户、与客户谈判直到成交，每一步都离不开沟通，成功的推销员在不同的推销阶段运用不同的沟通策略，从而实现成功；失败的推销员因沟通不当，通常不是吃顾客的闭门羹，就是在某个环节遭受阻碍，影响顺利成交。

用沟通把客户变成朋友

进行任何一桩生意或多或少都要和自己的客户朋友打交道。和客户朋友打交道，一方面，我们要让客户朋友接受自己的产品或者服务；另一方面，我们也要让客户能够为我们提供资讯、寻找机会、融通资金等一系列支持。我们不仅可以让客户朋友成为我们的产品和服务的消费者，也要让他们成为推广我们产品和服务的"销售员"，这样我们就能够取得更多的成功。

但是在现实中，很多人在做生意的时候，不仅不能够让客户朋友持久地接受自己的产品和服务，更不能够让客户朋友为自己的生意摇旗呐喊。他们不知道如何让自己的客户成为朋友，不知道如何培养客户朋友对自己的产品和服务的忠诚度，不知道如何和客户朋友做感情投资，不知道如何和客户谈生意，不知道如何让客户朋友为自己推销，也不知道如何避免客户朋友和自己产生冲突甚至被客户朋友所坑害。一句话，他们不知道如何让客户成为自己真正的"钱脉"。

而如果得不到客户朋友在上述各个方面的有效支持，显然我们的事业就变成了"水中之月"。因此，学会解决上述问题，是非常关键的。

博恩·崔西的秘诀就在于：让客户成为自己的朋友。

他相信，只有客户成为自己真正的朋友，他们才会真正地为你的生意着想，才有可能成为持续推动你的生意前进的重要力量。那么，他是如何让客户成为自己的朋友的呢？

1. 耐心地对待客户

在客户身上投资更多的耐心，花更多的时间与顾客待在一起，为顾客设想，与顾客建立商业上的友谊。博恩·崔西在和客户相处的时候，他绝对不会急着赶时间。他要向人表明，他愿意花足够的时间去帮助顾客作出正确的购买决定，他绝对不会对顾客没耐心。

2. 真诚地关怀客户

你越关怀客户，他们就越有兴趣和你做生意。关怀的感情因素是那么的强烈，往往使得价格、相对品质、交货效率、公司在市场上的规模，都敌不过它的威力。一旦客户认定你是真正关怀他和他的处境，不管销售的细节或竞争者怎么样，他都会向你购买产品。

3. 尊敬所遇到的每一个顾客

常言道，一个人有所为有所不为，都是为了博得你所重视的人对你的尊敬。一个人的骄傲、尊严和自我肯定，大部分来自于受到别人的尊敬程度。

每当我们感受到别人的尊重，我们就会对那个人特别重视。假如有人尊敬我们，我们就会认为那个人比较优秀，比较有判断力，比较有内涵，而且个性也比较好。

4. 绝不批评、抱怨或指责顾客

绝对不要站在你的立场上批评任何人或任何事，不要恶言相向或批评你的竞争者。每当你听到别人提起竞争者的名字时，只要微笑地说："那是一个很不错的公司。"然后就继续做你的产品介绍。假如有人告诉博恩·崔西，他的竞争者是如何地批评他，他只会一笑置之。

5. 毫无条件的接受

希望能够被他人毫无条件地接受，是所有人最重要的需求之一。你只需要用微笑，并且表现出温和友善，就可以表达出你接受他人的态度。一般人都喜欢和那些能够接受他们本性的人在一起，而不想受到任何评判和批评。你越能够接受别人，他们就越愿意接纳你。

6. 赞同顾客

每当你称赞并同意他人所做的事，他就会感到快乐，会变得更有精神。他的心跳会加快，会觉得自己很棒。当你在每个适当场合都竭力找机会对他人表示赞扬及同意的时候，你就会成为到处受人欢迎的人物。

7. 感谢每个帮助过你的顾客

你一定要养成随时感谢他人所做所为的习惯，尤其要向那些会让你期望的好事连连不断发生的人，表达感谢之意。

在瞬息万变中，妙口生花

在职场中，我们经常会遇到双方需要坐在一起进行谈判的时候。为了合作顺利，也为了给自己争取到更大的利益，古今中外，多少能言善辩之士或口若悬河，力挽狂澜；或侃侃而谈，潇洒自如；或坦率直言，语惊四座；或婉转含蓄，妙语生花。他们精妙的语言与敏捷的智慧融合在一起，往往能取得意想不到的最佳效果。

1. 据理力争

在谈判过程中，当涉及问题的实质时，往往要据理力争，针锋相对，不能轻易让步。如果缺少必要的锐气，往往会损坏己方应得的利益。所谓针锋相对，并不是要大吵大闹，指着鼻子骂人。而是必须讲道理、摆事实，逻辑严密，语言有力。通常在涉及公司重要利益时，要采用这种方法。

2. 循循善诱

在谈判中，对方往往会怀疑你提出的观点或者建议。在这种情况下，采用循循善诱的表达技巧往往能使对方逐渐接受你的想法。循循善诱的特点就是紧紧抓住对方的心理，站在对方的立场上阐述对问题的见解。这样的语言往往会使对方逐步放弃原来坚持的想法，逐渐顺着你的思路思考。循循善诱的一个重要出发点就是先从讨论双方彼此相同的观点开始，在对方取得初步的一致后，再步步为营，推理诱导，使对手的谈判思路逐渐纳入自己所设计的轨道。

3. 有的放矢

大家都知道"言为心声""文如其人"的含义。每个谈判者的语言本色固然受到其身份、地位、文化素养、思想性格等一系列因素的制约，但是谈判言语要与谈判的目的相一致，要根据特定环境而采取不同语言。有时候，为了取得谈判的成功，必须改变一下自己平常说话的特点，要增添特定环境下的新色调，运用有的放矢的技巧。这并不是"虚伪"和"演戏"，而是为了有效地进行成功的谈判。如一味地坚持自己说话的本色，我行我素，不顾特定谈判环境下的特定制约，往往会丧失谈判的控制权，使谈判受挫。人们通常说"猛张飞粗中有细"，正是称赞粗猛的张飞在某些特定的条件下有的放矢的"细"。

4. 探测虚实

在谈判中，一般人们都是采用发问的方式来探测对方的态度与实力背景。当然，发问也有一定的技巧，有时候可以直截了当地问，而有时候就必须间接地发问。比如对涉及自己实力和最后立场的关键信息，在对方进行探测的过程中千万不能轻易透露，否则就丧失了谈判的主动权。

间接发问的类型有多种，如：为探测对方动机与意向——"承蒙您的厚爱，您为什么千里迢迢地来我们这儿谈生意？"为探测对方态度——"您对我们公司的印象如何？"为探测对方实力——"我们再扩大些合作领域怎么样？"而直接性的发问，一般用意也很直观，比如：为鼓励对方参与——"对此您还有什么意见？"为测定对方态度——"我们的让步与您的期望差不多吧？"

运用发问的方法，要求发问者逻辑严密，并且对涉及最终实情的相关信息有较充分的掌握，最后以对方认可的事实和充分的说理来达到自己的目的。

5. 巧妙暗示

谈判过程瞬息万变，有时双方各执己见，相持不下，甚至谈判无法进行。

有时，谈判者出于各种各样的考虑，在许多情况下不便直接说明自己的意图，而又需要对方对此有所响应，促进谈判继续进展。在这些情况下，就要用暗示的方法。除去使用体态暗示或媒介暗示外，还可以使用口头语言来暗示，一般人们习惯使用借代、比喻的手法，通过相关的典故、故事的表述来进行。运用这种暗示方法，需要运用者具有丰富的文史知识积淀和机敏的智慧。另外，还要注意暗示时要把握时机和对象。如时机成熟，则一点就通，反之则不起作用。

6. 妙语回避

在谈判中，两军相遇，为争得更多的利益和谈判的主动权，常常会提出一些尖锐、复杂和令人一时难以回答的棘手问题。在这种情况下，处于守势的一方既要保护自己谈判的利益，不使对方获利，又要摆脱窘境，从容地控制谈判局面。这时，巧妙地运用口头表达，以回避的方式实行反击，以使对方达不到预期的目的。

一般而言，应用巧语回避对方可以采用以下几种形式：偷换概念。即故意用一个概念代替另一个不同的概念，但是要注意转换的概念要与原概念有联系，但又不是原概念；转移话题。对于棘手的、难以回答的问题，可以避而不答，转移到别的问题上，以避免因为直接回答而带来的不利局面；无效回答。所谓无效回答，就是表面上仍以口头语言进行答复，但是在答复中没有任何有意义的内容，信息等于零。这样做既维系了双方的感情，又巧妙地避开了难题。

语言是人类彼此间交际的基本工具，同时也是人类赖以进行思维的工具，因此谈判过程离不开人的语言表达与交流。

让僵局"起死回生"

在谈判中，时常遇到谈不下去的情况，也就是说陷入僵局。这时，如果处理不好，就有可能真的把谈判推向了死胡同，相反，如果能恰当地应用某些策略和方法还是可以"起死回生"的。

一般情况下，打破僵局的艺术有以下几种。

1. 头脑冷静，切不可直言冲撞对方

"良言一句三冬暖，恶语伤人六月寒"，激烈的言辞会使双方形成感情对立，对打破僵局十分不利。双方经过激烈的磋商后，很有可能不能达成一致的意见，这时，千万不能为了速胜而说一些令对方难以接受的话。比如，片面夸大对方产品质量的低劣，令对方感到十分懊恼；对对方的谈判人员进行恶意的人身攻击或者取笑对方，让对方"失了面子"；对对方所代表的利益集团进行攻击，都有可能使对方对你产生反感，即使你作出某些让步，对方在心理上还是会蒙上一层阴影，谈判极有可能不欢而散。

2. 运用"黑白脸"策略，更换谈判组成员

在谈判技巧中，有一种很常见的谈判策略就是"好人"和"坏人"的策略，或者叫作"黑脸"和"白脸"的策略。在谈判组成员中，一个人扮演"好人"的角色，也就是对对方来说的相对的好人，他表面上总是从双方的利益考虑，不偏不倚，总是为了促使谈判的顺利进行，不过分要求对方作出某些让步，而是对对方态度诚恳。而"坏人"则是处处不肯让步，逼着对方作

出妥协。在这种情况下，对方当然希望和"好人"谈判，而实际上，"坏人"一般都是在谈判中起主要作用的人。但是如果遇到了僵局，暂时地让"坏人"退出，以缓解气氛，是必要的退却。暂时的退却可能换来更大的胜利。

3. 随机应变，从不同角度出发

用某种不同的方法重新解释问题，提出新的理由、新的信息以探讨更广泛的问题，找一个桥梁，使双方达成某些方面的共识。

当自己的观点令对方难以接受，就不要一条道走到黑，试着从另一个角度来考虑问题。自己的方式说服不了对方，就试着用对方考虑问题的方式来说服对方。有经验的谈判者往往会在谈判前考虑几套对付对方的方法，一套不行，就换另一套，还可以根据谈判进展的情况作出随机应变的选择。

4. 转换话题，缓解紧张气氛

转换话题也就是不谈和谈判议题有关的事，谈一些毫不相关的东西，比如一些轻松的话题，或者一些娱乐新闻，或者讲一些幽默的故事，以使双方紧绷的神经得到暂时的缓解。当然，聪明的谈判者还可以通过这些看似不相关的话题，引起对方的兴趣和共鸣以作为下一步双方谈判的主旋律，并且逐渐把话题引到正题上，使对手在不知不觉中，就上了自己的当，从而为打破僵局、抢占谈判主动权赢得先机。

5. 幽默以对

在谈判中，幽默是不可缺少的技巧。当谈判陷入僵局无法继续进行的时候，恰到好处地使用幽默，有利于打破僵局，使冷场的窘境在笑声中得到缓解。

谈判是一种双赢、互惠互利的行为，正因为双方在利益上有共同点，也有分歧才会坐到谈判桌前，千万不要抱着非要置对方于死地的想法，更不能因为迫切地想获得谈判胜利而紧紧压制对方。如果能够做到有效沟通，就能圆满地解决事情。

你比别人差的不是口才，而是好好说话

最爱听的或不爱听的

父母的语言是孩子成长的营养。积极鼓励性的语言对孩子的身心健康起着有益的作用；而责备、批评甚至带有贬低意味的语言，会给孩子的心理造成不利的影响，甚至让孩子产生逆反心理。

卢勤说："孩子你说他行，他就行；你说他不行，他就不行。你为他喝彩，他会给你一个又一个惊喜；你说他不如别人，他会用行动证明他真的很笨。"人们都喜欢听表扬，不喜欢被斥责，孩子也是如此。

有的家长可能会以为，只有严加管教的孩子才能成大器，否则便是放任自流之举。于是，孩子在家每天所听到的都是"不许淘气""不许晚回来""不许看电视""不许乱花钱"……这种家庭的子女教育是由一连串的"不许"组成的，家长担当起了警察的职责看着孩子，甚至限制了孩子的"人身自由"。家长此时可能会以自己的孩子很听话而引以为豪，却不知在他们幼小的心灵里已经滋生了逆反的萌芽。

除了对孩子有着太多的"不许"禁令外，"应该""必须"也是许多家长惯用的词。家长强调的只是自己的主观愿望，完全忽视了孩子的客观存在，用一种强硬的态度让孩子进入某种规定的位置，并按他们的设计"修剪"孩子。其结果，孩子常常陷入不知所措之中，极大地影响了孩子思维的发展。

在家庭教育中，挑剔词比激励词的用量通常多好几倍。许多家长教育孩子的心理有些错位，他们不是用赏识的目光去看待孩子的优点，而是用挑剔的眼光找孩子的毛病。最可怕的是用别人家孩子的长处，去比较自己的孩子的短处，越比较越觉得自己的孩子不如别人家的孩子。比如，有的家长常常对孩子说："你看人家……"许多家长几乎是不停地去发现孩子身上的缺点，并及时拉出来进行说教，以为只有把孩子的缺点说出来才能使孩子获得帮助和改变。基于这样一种教育思想，大多数家长对孩子使用各种挑剔的语言时毫不犹豫、绝不心软。其中最常用的有"太笨""不成""太差劲"等。这些消极的词强化了孩子的弱点，最终是让孩子以否定的态度对待自己，对自己失去信心。

教育家陶行知先生，早在半个世纪前就深刻指出："教育孩子的全部秘密在于首先要赏识孩子。没有赏识就没有教育。你的孩子就是你的孩子，没必要总去和别人家的孩子比，只要你的孩子今天比昨天有进步，你就要祝贺他，这就是父母对自己孩子的赏识。孩子的成长需要肯定，肯定是孩子生命中的阳光。"

所以，家长在与孩子进行沟通时，语言要充满了对孩子的肯定、赞赏和信任。孩子在做一件事时，最喜欢也最渴望听到的就是来自父母的赏识。在父母的赞赏和肯定声中，孩子的积极性会最大限度地爆发出来，信心倍增地夺取属于他们的胜利。

孩子的心灵像干枯的小苗，渴望被肯定，渴望得到积极的评价！所以，每位家长都可以选择一种与孩子沟通的方式。

1. 对孩子说"把自信找回来"

父母要相信孩子。每个孩子都有巨大的心理潜能，关键是你能不能把它开发出来。美国教育家把教育子女的全部奥秘归结为四个字——信任孩子。当然，孩子的消极想法并非一两句话就能立刻消除的，家长要找到有效的方法帮助孩子重建自信。

2. 对孩子说"你真棒！你能行！"

有的孩子常常说"我不行。"这种意识有两个来源：一是源于自我，叫作自我意识；二是源于他人，叫作外来意识。有些家长总觉得自己的孩子不行。一位男生说："我想学游泳，我妈妈说，你不行，你从小体弱，下水会淹着的！我想学炒菜，我妈妈又说，你不行，会烫着手的！我想学骑车，我妈妈说，你不行，会摔着的……不行，不行，我什么时候才能行？"这位妈妈看上去是十分爱护孩子，实际上是在害孩子。老是对孩子说"你不行"，慢慢地，孩子就会觉得自己真的什么都不行了。"我不行"在孩子的头脑中一旦扎下了根，就会变得对做任何事都没有信心，会觉得离开了父母和老师寸步难行。所以，只有父母先相信孩子能行，孩子才能觉得自己"我能行"。

比如，孩子参加各种比赛之前家长要鼓励他："爸爸妈妈相信你一定能行！"如果孩子输了，哪怕是最后一名，家长也要鼓励他说："敢去参加比赛就是好样的！"让孩子赢得起，也输得起，帮助孩子提高承受挫折的能力。

3. 对孩子说"自己的事情自己作决定""试着自己解决这个问题"

父母要有意识地培养孩子自我服务的能力。当孩子老是想让你帮忙的时候，要对孩子说"自己的事情自己做，自己的事情自己决定"诸如这样的话语。当孩子提问时，父母可以先反问孩子："你觉得呢？""你认为呢？""为什么呀？"等等，来引导孩子先思考答案，再自行寻找答案，这样可以加强孩子的逻辑思维能力。

4. 对孩子说"孩子，你的进步很大，我为你感到高兴""分数并不是最重要的，重要的是你真正努力了"

当孩子拿着分数很低的试卷回家，父母首先应该表达对孩子的理解。要告诉孩子："分数并不是最重要的，重要的是你真正努力了。"这才是恰当的教育方法。

面对孩子的问题，要心平气和地与孩子探讨产生的原因，提出严格的要求和建设性的意见和方法。允许孩子有尝试改进的时间，这样孩子就有被信任、被重视、被关爱的感觉。

5. 对孩子说"孩子，抬起你的头"

作为家长，要经常分析并肯定孩子的进步和成绩，使他们的自尊心不断地得到证实。要绝对禁止孩子说自己"笨"、没出息、没信心等。要鼓励孩子以最充足的信心、最饱满的精神、最高昂的斗志，全力以赴，战胜困难。

6. 对孩子说"告诉自己，我能做到"

经常用激励性的评价来肯定孩子的每一点成功与进步，通过语言或表情的方式给予心理暗示，对孩子说"告诉自己，我能做到"等激励性的语言。让孩子相信经过自己的努力，一定能实现自己的奋斗目标。

父母要教会孩子正视自己的弱点和缺陷。等到孩子心情较好的时候，可帮助孩子找到改正的办法，比如："同学们笑你说话结巴，那么我们尝试寻找一些改善的办法吧，每当你要表达自己的意思时，不要激动和紧张，慢慢把话说清楚。"

"你真棒"这样肯定的语言，是孩子成长的正信息；"你真笨"这样否定的语言，是孩子成长的负信息。为了让孩子能够健康、快乐、进步，请用欣赏的眼光看待他，用积极的语言评价他，用理解的话语安慰他，用自信的话语鼓励他。

与孩子沟通要妙趣横生

相信有不少父母感觉跟孩子沟通是非常难的一件事：父母说得天花乱坠，孩子这耳朵进，那耳朵出；一不留神，孩子还逮着个错指责父母半天。有些父母能与孩子说得眉飞色舞、热火朝天，有些父母却很少与孩子讨论什么。他们与孩子说话，往往说上个三五句，孩子不耐烦，父母也没词儿了。

这些父母也很着急：为什么我们就不能和孩子深入讨论呢？怎样让我们的亲子沟通更有趣呢？在下列方面好好体悟摸索，相信你也可以与孩子的心灵越来越近。

其实，孩子眼中的世界，是浪漫、神奇、多姿多彩的。父母应该珍惜孩子的这份童心，努力与孩子的童心进行诗情画意的交流。有时候，父母不妨忘记现实的日常生活，在孩子周围创造一种童话般的氛围。

安徒生有一次陪着邻居家的小女孩玩耍。他告诉那个小女孩，小精灵常常在草地的蘑菇下面藏着宝贝。小女孩好奇地掀开草地上的小蘑菇查看。在这边她发现了一枚银币，在那边她又发现了一个小玩具，小女孩惊喜万分。当然，这些东西，都是安徒生事先藏在那里的。

当时和他们在一起的还有一位牧师。小女孩回家后，牧师气愤地说："你这是欺骗！她总有一天会发现这些都是假的，她会因此感到痛苦。"

"不，你不明白，"安徒生回答，"她当然会发现这些不可能在现实生活中发生。但我为她做的这一切，将使她葆有一颗生机勃勃、充溢着美和神奇的心灵。"

安徒生所说的，也许正是父母该做的。

爱玩，爱做游戏，这是孩子们的天性。游戏的娱乐性和趣味性，能使孩子情绪愉快，兴高采烈。而这种作用对于孩子的生理和心理的健康发展，是大有好处的，而且是对孩子进行教育的最好方式。聪明的父母和教师应当努力把与孩子的交流变成游戏，应当做到：一切语言刺激最好都带有孩子喜欢的趣味性，而在一切孩子所喜欢的活动中，都不要忘了进行必要而有效的语言交流。

我们假设：孩子拿着一根棍当马骑，并用小树枝或小布条当作马鞭抽打着，孩子玩得很高兴，可是当他玩够了的时候，就会扔下木棍跑去玩别的了。这样的游戏反映了什么呢？只是表现了孩子把木棍当马骑这一点天真的天性。父母对于孩子这样的游戏往往是听之任之，不加理会，有时说话也只是说："把棍子放到原来的地方，别到处乱扔。"如此而已。

其实，这种情况正是父母与孩子进行语言交流的大好时机。譬如，妈妈可以提来小桶对孩子说："看，马跑了半天，一定累坏了，让它喝点水、吃些草吧。"那么，孩子就会很高兴地接过小桶给马"喂水"，还会自言自语地说："我的小马儿，你喝饱了吗？现在我牵你到马棚里喂草吧……"孩子玩完"骑马"的游戏，再也不会把木棍一扔了事，而是对"马"关怀备至，既发展了语言和想象的能力，又培养了良好的品格和习惯。而这一切都是在轻松愉快的玩耍之中进行的。父母与孩子在游戏中进行沟通，既可以收到良好的教育效果，又能拉近亲子间的距离，营造美好的沟通氛围。

一位父亲讲述了这样一段往事：

女儿3岁多的时候，有一天在床上舞起了被单，累得红扑扑的脸上渗出一层细细的汗珠。她刚刚在电视上看过"海之魂"舞蹈表演，自己也要当一回舞蹈演员。我的眼睛被女儿的天真所吸引，情不自禁地赞叹说："多美的舞蹈啊，大海的女儿。"女儿一下子惊住了，仿佛自己真的走进了童话世界，不得不提出现实的疑问："啊，你是大海？"我严肃地摇了摇头说："不，我们都是大海的孩子。"女儿拍手欢呼，指着我的鼻尖说："你成为了小孩儿了。"说完，浪花又在她的小手里欢跳起来。

多么美好的亲子沟通。父母只要有心，就一定能在孩子各式各样的游戏中找到交流的最佳契机。

父母的语言，可能是具体生动、敏锐有力的，也可能是空洞、愚钝、干巴的。父母只有使用具体形象的话语，进行生动类比，才便于孩子接受和理解，才能打开通往孩子心灵的道路，也才能富有趣味，让孩子感受真正的快乐。

6岁大的小豪坐父亲的汽车，问"为什么前面那辆车子会冒烟？"父亲答："小豪会吃饭、喝水，而运动以后，不要的东西就变成'尿'和'粪'，排泄出来。车子也是一样，吃进去汽油就像你吃了饭一样，才有力气跑；发动了车子，汽油使用后会变成黑烟，从车后排出来，就仿佛是车子在排泄一样。所以要把窗子关上，才不会闻到臭味。"这是把车比喻成"人"的答法，很形象，也能使小孩很容易了解。

如果父母是从汽车的原理等理论去阐述，那么，会使孩子感到枯燥乏味，并且难以理解。生活中，孩子会经常冒出许许多多的"为什么"，父母可以根据孩子不同的年龄不同的理解力运用不同的类比方式去说。父母多用形象的比喻会使自己的语言更富有吸引力和艺术性，孩子在快乐交流的同时，也会吸收父母的语言艺术和才华。

珍惜爱情，从沟通开始

如果爱情中没有尊重、没有理解，就不会拥有天长地久。如果不懂得珍惜已拥有的爱情，也将无幸福可言。只有懂得尊重、理解和包容的人才配有爱，懂得珍惜和拥有的人才配有完美的爱情。

有一对情侣，相约下班后去用餐、逛街，可是女孩因为公司开会延误了。当她冒雨赶到时候已经迟到了30多分钟，她男朋友很不高兴地说："你每次都这样，现在我什么心情也没了，我以后再也不会等你了！"刹那间，女孩的心崩溃了，她在想：或许，他们再也没有未来了。同样，在同一个地点，另一对情侣也面临同样的处境，女孩赶到的时候也迟到了半个钟头，她的男朋友说："我想你一定忙坏了吧？"接着，他为女孩拭去脸上的雨水，并且脱去外套披在女孩身上，此刻，女孩虽然流泪却是温馨幸福的。

其实，爱恨往往只在一念之间。爱不仅要懂得宽容更要及时，很多事只是在于你心境的转变罢了。

一位朋友经人介绍认识了一位女友，两人很快坠入爱河。谁知他这位女友这山望着那山高，不久又结识了一位男友。由于对方的甜言蜜语很会讨好女人，再加上家境超过她以前的男友，于是，她向这位朋友提出分手。这位朋友正沉醉在爱情的甜蜜与幸福中，听到这一消息后，顿时如雷轰顶。很长时间里，他整天异常苦闷，彻夜失眠。为了使自己尽快从痛苦中解脱出来，这位朋友把全部精力倾注在事业上，不久即小有成就。正在这时，他以前的那位女友突然找到他，痛哭流涕地要求恢复关系。原来，她与那位男友分手了。想起与以前的男友相处的那些幸福时光，她追悔莫及。经再三考虑后，决定向旧友说明一切，并恳求对方的谅解。正所谓旧情难舍，但考虑到周围人的闲言碎语，该不该吃"回头草"，这位朋友犹豫起来。不少人劝他与女友断绝往来，"好马不吃回头草"，"天涯何处无芳草"。然而这位朋友是讲义气重感情的人，他想起过去自己与女友相处的时光，女友身上的诸多优点，女友在自己面前流下的后悔的眼泪，最后，他毅然决定与女友重续前缘。

相爱本来就是互相磨合、互相体谅的过程。其实对自己的爱人，又有什么不能让的呢？可能大多数男士都希望找一个温柔、听话的女友。其实，任性一点的女孩子更有风情、更妩媚。

两个人闹了矛盾后，作为男人就应该大度一点，不妨让着。这有两个好处：一是能缓解当时剑拔弩张的气氛，二是能给双方一个台阶下。如果双方都不让，两个人都僵着，小矛盾就可能演变为大矛盾。

舌头和牙齿也免不了偶尔的"交锋"，两个活生生的人在一起自然会有些小矛盾。男人就该有海洋一般的胸怀，而女人生来就是让人疼让人哄的。爱她就该让着她，同心爱的人儿在生活琐事上闹点小矛盾，怎能忍心让她不高兴呢？不过，如果是在一些原则性的问题上有分歧，那就要另当别论了。

人们常说："有缘千里来相会。"的确，没有哪种缘分比姻缘更能让人缠绵，更能让人痴情了。缘分是通向爱情圣殿的鹊桥，是男女之间真诚的爱。因为有了那冥冥之中的缘分，使两个原本陌生的人走到了一起，从此共同面对风雨人生，携手一路同行，"在天愿作比翼鸟，在地愿为连理枝"。缘分最珍贵的是相依为命，最浪漫的就是陪着你慢慢变老。爱情需要缘分，更需要两个人精心呵护，彼此惜缘。两颗心一起去奋斗，一起去支撑，一起去面对生活中的种种困难，携手走过漫长的人生路。不论贫富，不论健康还是疾病，始终不离不弃。

有爱才会有怜爱，有珍惜才能留住爱。不管为爱有过怎样的迷茫和错误，还是为爱怎样的痴狂过，只要真爱过，就没有让圣洁的爱情受到玷污。但要相信，爱情在平淡中自然升华，要学会捕捉爱的光辉，然后让这份爱细水长流、绵延不绝。

在茫茫人海中，找到一个心爱的人，这是一种幸运和福气，也许他（她）没有你想象得那么好，但却是最适合与你过一生的人，所以应该知福惜福，好好珍惜。

爱情是一种妙不可测的东西，甚至没有什么游戏规则让人遵守，但当中却必定有一些人人适用的秘诀。牢记着它们，必能与你的最爱白头到老。

1. 接受。"世上没有十全十美的人"这句话是千真万确的，尤其两个人一起并不等于两块合得来的积木，必须互相迁就。你爱他，就必须接受他（她）的一切，甚至缺点。

2. 信任。不信任对方，经常以怀疑的口吻盘问对方，这种互相猜度的爱情就只有分手下场。既然跟他在一起，就应该完全信任对方。

3. 关心。关心的程度正好表现你对对方的重视程度，打个电话给对方关心式问候一句："工作辛苦吗？"又或者关照他："天气凉了，请加衣。"这些关心未必有实际用途，但起码能令对方暖在心头。

4. 忍受。我们不是圣人，总有情绪起伏的时候，若然对方是"凸"的时候，你何不做"凹"去忍耐一下、安慰一下他（她）呢？

5. 欣赏。你应欣赏对方的一切，欣赏这段爱情带给你的开心、幸福。这样，你便会爱得更愉快，不要只懂埋怨，在鸡蛋里挑骨头。

6．自由。纵然已婚，也应给予对方应有自由及保持秘密的权利，你的另一半不是你的终生奴隶，不要让他认为跟你结婚就等于被困笼中的宠物。

7．付出。爱情这种东西不一定是你付出"一"，便会收回"一"，但不付出，便一定没有收获。对你的爱人，应如对自己一样，毫无保留地付出，这才算得上真爱。

8．独立。甜言蜜语的人会说："我是为了你而生。"其实，每个人都有自己的生存意义，不应过分依赖对方，成为对方的沉重负担，甚至负债。

9．爱。都说是爱情，没有爱又怎会有情呢？爱跟喜欢不同，爱一个人，你必定愿意为他做任何事，这是最高的境界。闲时不妨跟对方说句："我爱你"，管保比任何礼物来得甜蜜开心。

10．自然。很多人刚恋爱时都会把一切缺点隐藏起来，变成另一个人。日子久了，缺点才一一地出现在眼前，令对方吃不消。其实，不做作，流于自然的爱情才是细水长流。

11．保护。做男人的当然要保护妻子，但做妻子的亦要保护对方的尊严，不应容许别人中伤、侮辱你的另一半。

12．宽大。宽大是基本的要诀，对爱侣的错误，你应以宽大的态度原谅他，因为你是最爱他的人。

13．分享。若你爱他，就必能与他分享他的喜与哀，这是作为一个伴侣最简单的责任。

14．明白。不明白对方的想法，对方跟你说话，你永远是独自发呆，那就是一段缺乏沟通的爱情。多站在对方立场，将心比心地想，必定能更了解你的另一半。

15．用心。爱情最重要的道具是心，你必须真心对待，用真心去爱。

16．诚实。对爱情，必须诚实，常常互相欺骗的感情又怎能天长地久呢？

恋爱中的年轻情侣，在对待爱情和处理感情的问题上要记住：相爱的时候要真诚，争执的时候要沟通，生气的时候要冷静，愉快的时候要分享，指责的时候要谅解，结婚的时候要包容，拥有的时候要珍惜。

［第7章］
峰回路转：好好说话助你摆脱困境

在生活中，人们的交谈就像一场博弈，可能前一秒还顺风顺水，下一刻就陷入了窘境。那么，遇到让你尴尬的问题和无礼的谈话时，你能否巧妙地应对呢？下面，我们就来学习如何通过好好说话摆脱困境。

"答"不起，躲得起

在人际交往中，常会遇到一些难以回答、不便回答或不愿意回答的问题。如果坦白地答一声"不知道""无可奉告"，这不仅使对方难堪，破坏气氛，而且显得自己无风度、没涵养、没水平。这时，最巧妙的办法是使用无效回答。

所谓无效回答，就是用一些没有实际意义的话去做些实质性的回答，推诿搪塞，答了等于没答，而别人又不好再说什么。例如：

一男士遇一女士，问道："哎，小李，听说你病了，什么病？"

"不是什么大病。"

"那到底是什么病？"

"一点儿小病。"

显而易见，这位男士可能是真的关心这位女士，但这问题却很失礼，因为两性间毕竟是有区别的。在这种情况下，小李机警地做了无效回答，非常得体。生活中，无效回答用得较多的词是"没什么"和"不清楚"。"哎，听说你们经理交桃花运啦？""不清楚呀！"好事者无可奈何。无效回答的方法和策略多种多样，常见的有以下几种：

1. 答非所问

一位工作者到澳大利亚工作时，一个澳大利亚人问他："你爱澳大利亚吗？"这位同志觉得答"爱"与"不爱"都不合适，于是答道："澳大利亚的袋鼠挺可爱。"这类答复一般用于那些不便于具体肯定与否定的问题。

2. 将错就错

有些荒唐和强人所难的问题，不必硬着头皮去找正确答案，干脆将错就错，或者偷换概念，歪打正着，这样倒会取得好的效果。据说，一个外国人问中国有多少厕所，答："两个，一个是男厕所，一个是女厕所。"既然你的提问违反常情，让人难堪，我何不也让你哭笑不得？

3. 消极地回避

直接说出对方不得不承认的理由，使双方均不难堪。一次，一个记者在美术馆和大家谈"女模特儿具有为艺术献身精神"的话题时，问其中的一位女画家："假如让你当人体模特儿，你愿意吗？"公开说"愿意"，对一个青年女性非易事；说"不愿意"，又是自己打自己的嘴巴。于是，这个聪明的女画家说："这是我的私事，不在采访之列吧？"摆脱了窘境，且自然而有道理。

有理不在声高

这并不是主张绝对不要和别人争论，在有时候，有些场合，一个人应该为自己确信的真理和主张去和反对者争论，辨别是非。这种争论，有时还会发展到很激烈的程度。

但在一般交谈的场合，却要极力避免和别人争论，因为交谈的主要目的是促进彼此的了解，增进双方的友谊，是一种社交性的活动，一争论起来就很容易伤感情，和原来的目的背道而驰了。

然而，这也并不是说，在一般谈话的场合就完全放弃自己的看法，别人说黑，你也跟着说黑；别人说白，你也跟着说白，这样虽然可以避免争论，但你已经变成了一个没有确定的主张和见解的应声虫，或者被人家看成不诚恳、不老实的大滑头，这也会妨碍你和别人的正常交往。

那么，要做到既不必随声附和别人的意见，又要避免和别人争论，究竟有没有两全的办法呢？

答案是有的。

尽量了解别人的观点。在许多场合，争论的发生多半由于大家只看重自己这方面的理由，而对别人的看法没有好好地去研究、去了解。我们应该能够从对方的立足点去看事情，尝试着去了解对方的观点，认识到为什么他会这样说、这样想。这样，一方面使我们自己看事情的时候会比较全面；另一方面可以看到对方的观点也有他的理由。即使你仍然不同意他的观点，但也不至于完全抹杀他的理由，那么自己的态度就可以比较客观一点，自己的主张就可以公允一点，发生争论的可能性就比较低了。

同时，如果你能把握住对方的观点，并用它来说明你的意见，那么，对方就容易接受得多，而你对其观点的批评也会中肯得多。而且，他一旦知道你肯细心地体会他的真意，他对你的印象就会比较好，他也会尝试着去了解你的看法。

对方的言论，你所同意的部分，尽量先加以肯定，并且向对方明确地表达出来。一般人常犯的错误就是过分强调双方观点的差异，而忽视了相同之处。所以，我们常常看到双方为了一个枝节上的小差别争论得非常激烈，好像彼此的主张没有丝毫相同之处，这实在是一个不明智之举，不但浪费了许多不必要的精力与时间，而且使双方的观点更难沟通，更难得到一致或相近的结论。

解决的办法是，先强调双方观点相同或近似的地方，在此基础上，再进一步去求同存异。我们的目的是在交谈中使双方的观点更接近，使双方的了解更深。

即使你所同意的仅是对方言论中的一部分或一小部分，只要你肯坦诚地指出，也会因此营造出比较融洽的交谈气氛，而这种气氛，是能够帮助交谈发展，增进双方的了解的。

双方发生意见分歧时，你要尽量保持冷静。通常，争论多半是双方共同引起的，你一言我一语，互相刺激，互相影响，结果火气就越来越大，情绪激动，头脑也不清醒了。如果有一方能够始终保持清醒的头脑和平静的情绪，那么，就不至于争吵起来。

但有时候，你也会遇到一些非常喜欢跟别人争论的人，尤其是他们蛮横的态度和无理的言辞常常使一个脾气很好的人都会失去耐性。在这种时候，你仍然能够不慌不忙、不急不躁、不气不恼，将有益于你跟那些最不容易合作的人好好地进行有效的沟通。

永远准备承认自己的错误。坚持错误是容易引起争论的原因之一。只要有一方在发现自己的错误时，立即承认，那么，任何争论都容易解决，而大家在一起互相讨论，也将是一桩非常令人愉快的事情。在我们谈话的时候，我们不能对别人要求太高，但却不妨以身作则，发现自己有错误的时候，就立刻爽快地加以承认。这种行为，这种风度，不但给予别人很好的印象，而且还会把谈话与讨论带着向前跨进一大步，使双方在一种愉快的氛围中交换意见与研究问题。

不要直接指出别人的错误。老一辈的人常常规劝我们不要指出别人的错误，说这样做会得罪人，是非常不理智的。然而，如果在讨论问题的时候，不去把别人的错误指出来，岂不是使交谈变成一种虚伪做作的行为了吗？那么，意见的讨论，思想的交流，岂不是都成为根本没有必要的行为了吗？

当然，指出别人的错误是一件困难的事，不但会打击他的自尊和自信，而且还会妨碍交谈的进行，影响双方的友情。

那么，究竟有没有两全其美的方法呢？

你可以尝试用以下的方法：

首先，你不必直接指出对方的错误，但却要设法使对方发现自己的错误。

在日常生活中，大家交谈的时候，并不是每个人都能够始终保持清醒的头脑和平静的情绪，有许多人有感情用事的毛病。即使那些自己很愿意跟别人心平气和地讨论问题的人，有时也不免受自己的情绪支配，在自己的思考与推论中，掺进一些不合理的成分。如果你把这些成分直截了当地指出来，往往使对方的思想一时转不过来，或是情绪上受到影响，感到懊恼异常。这对交谈的进行是十分不利的。

其次，如果在发现对方推论错误的时候，你尝试着把自己的谈话速度放慢，用一种商讨的、温和的语调陈述自己的看法，使对方能够自己发现你的推论更有道理。在这种情形下，他也就比较容易改正错误。

再次，很多人都有这种认识：一个人免不了会看错事情，想错事情，假使他能够自己发觉错误所在，他就会自动地加以纠正。但是如果被人不客气地当众指出来，他就要尽力去掩饰，尽力去否认，尽力去争执，因此，为了避免使他情绪激动，我们不去直接批评他的错误，不必逼他当着众人的面说："我错了"或者"我全错了"。有的人一看到别人犯了一点儿错误，就要把它死盯住不放，还加以宣扬，自鸣得意地让对方为难，这是一种幼稚的举动，是一种幸灾乐祸的态度，不是一种对人友好、与人为善的做法。

最后，我们要改变一个人的看法和主张，并不是一朝一夕就可以成功的。所以我们不但不要心急地去使别人接受我们的意见，反而更要争取长期和别人互相交谈的机会，让我们从心平气和的讨论中，逐渐地把正确的真理传播到朋友们的心中、脑中。

宽容但不纵容

在人际交往中，人们总难免碰到一些无理的语言。你对某人的不良或错误行为进行直接责备，他却反过来与你顶撞。例如在一个球场里，一位大学生的视线完全被前面一位年轻妇女的帽子挡住了，于是他对她说："请您摘下帽子。"可妇女连头也不回。"请您摘下帽子。"大学生气冲冲地重复一遍。"为了这个位子，我破费了15个卢布，却什么也看不见！"

"为了这顶帽子，我破费了115个卢布。我要让所有的人都看它。"年轻的妇女说完，一动也不动地坐着。她违反公共道德，反而振振有词地反驳大学生的正常干预。

年轻的朋友们，碰到这种无理的行为，你该怎么办？许多人常常大发一通怒火，大骂一顿无赖。可到头来，对方还是振振有词，"理由"充足得很。你自己倒气得手脚发颤，只会说："岂有此理，岂有此理。"

那么，应该怎样说话，才能反击这种无理的行为，使得对方觉得理屈词穷、无言以对呢？有四点值得注意。

1. 情绪平和

遇到无理的行为，首先要做到的就是不要激动，要控制情绪。这时候的心境平和，对反击对方有重要作用：一是表现自己的涵养与气量，以"骤然临之而不惊，无故加之而不怒"的大丈夫气概在气质上镇住对方。如一下子就犯颜动怒，变脸作色，这不是勇敢的行为。古人曰："匹夫见辱，拔剑而起，挺身而斗，此不足为勇也。"对方对此不但不会惧怕，反而会对你的失态感到得意。二是能够冷静地考虑对策，只有平静情绪，才能从容选出最佳对策。否则，人都糊涂了，就可能做出莽撞之举来，更不要说什么最佳对策了。

2. 反击有力

对无理行为进行语言反击时，不能说了半天，不得要领，或词软话绵。而要做到打击点准，一下子击中要害；反击力量要猛，一下子就使对方哑口无言。

有一个常愚弄他人而自得的人叫汤姆。这天早晨，他正在门口吃着面包，忽然看见杰克逊大爷骑着毛驴哼哼呀呀地走了过来。于是，他就喊道："喂，吃块面包吧。"

杰克逊大爷连忙从驴背上跳下来，说："谢谢您的好意。我已经吃过早饭了。"

汤姆一本正经地说："我没问你呀，我问的是毛驴。"说完，他得意地一笑。

杰克逊大爷以礼相待，却反遭一顿侮辱，他非常气愤，可是又难以责骂汤姆。汤姆会说："我和毛驴说话，谁叫你插嘴来着？"于是，杰克逊大爷抓住汤姆语言的破绽，准备进行狠狠地反击。他猛然转过身子，照准毛驴脸上"啪啪"就是两巴掌，骂道："出门时我问你城里有没有朋友，你斩钉截铁地说没有。没有朋友为什么人家会请你吃面包呢？""啪啪"，对准驴屁股，又是两鞭子，说："看你以后还敢不敢胡说。"说完，翻身上驴，扬长而去。杰克逊大爷的反击可谓相当强悍。既然你以你和驴说话的假设来侮辱我，我就姑且承认你的假设，借教训毛驴，来嘲弄你自己建立的和毛驴的"朋友"关系，给这个人一顿教训。

你比别人差的不是口才，而是好好说话

3. 含蓄地讽刺

对无理行为进行反击，可直言相告，但有时不宜锋芒毕露，露则太刚，刚则易折。有时，旁敲侧击，绵里藏针，反而更见力量，它使对方无辫子可抓，只得把自己种的苦果往肚里吞，在心中暗暗叫苦，就像一位苏格兰诗人那样。

有一天，诗人在泰晤士河畔见到一个富翁被人从河里救起。富翁给了那个冒着生命危险救他的人一块钱作为报酬。围观的路人都为这种无耻行径所激怒，要把富翁再投到河里去。诗人上前阻止道："放了他吧，他自己很了解他生命的价值。"此话一出，既是救了这个富翁，也含蓄地借富翁给别人的报酬，来讽刺他自身价值低、不值钱的意思。

4. 巧妙借用

对无理的行为进行语言反击，是正义的语言与无理的语言的对抗。所以，反击的语言一定要与对方的语言表现出某种关联，正是在这种关联中，才会充分表现出自己的机智与力量。要做到双方语言的巧妙关联方法有三：

（1）顺其言，反其意。这种方法的效果在于使人感到那个无理的人是引火烧身，搬起石头砸自己的脚。例如德国诗人海涅是个犹太人，常遭到一些无耻之徒的攻击。在一个晚会上，一个人对他说："我发现了一个小岛，这个小岛上竟然没有犹太人和驴子！"海涅白了他一眼，不动声色地说："看来，只有你我一起去那个岛上，才会弥补这个缺陷。"

（2）结构相仿，意义相对。这种方法是在双方语言的相仿与相对中，表现出极其鲜明的对抗性。如安徒生一生简朴，常常戴顶破旧的帽子在街上行走。有个不怀好意的人嘲笑道："脑袋上面的那个玩意儿是个什么东西，能算是顶帽子吗？"安徒生回敬道："你帽子下面那玩意儿是个什么东西，能算是个脑袋吗？"安徒生的话语和对方的话语结构、词语都相仿，只是几个关键词的位置颠倒了一下，显得对立色彩格外鲜明。

（3）佯装上当，大智若愚。即假装没识破对方的圈套，照直钻进去。这种方法的效果是显出自己完全不在乎对方的那种小伎俩。

例如，一个爱嫉妒的人写了一封讽刺信给海明威，信上说："我知道你现在是一字千金，现在附上一美元，请你寄个样品来看看。"海明威收下钱，回答一个字——"谢！"海明威完全识破了对方刁难、侮辱人的行为，但他根本不将此放在眼里，他就照他人的刁难要求办，结果搞得那人反而难下台。

《韩诗外传》中记载了子贡与齐景公这样一段对话。

齐景公问子贡："你的老师是谁？"

子贡说："鲁国的仲尼。"

齐景公说："仲尼是贤人吗？"

子贡说："是圣人啊！岂止是贤人呢？"

齐景公说："他是什么样的圣人呢？"

子贡说："不知道。"

齐景公怒气冲冲地问："开始你说仲尼是圣人，现在又说不知道，这行吗？"

子贡说："人们都说天很高，无论老人、小孩、聪明者，还是愚者都知道天很高；到底天有多高呢？人们又说不知道。因此我知道仲尼有才干却不知道他的才干如何。"

齐景公无法再问了。

子贡应该知道孔子是什么样的圣人，却因随口应对"不知道"而遭来责难。面对责问，子贡不愧为孔子的高徒，他用戴天不知天之高、践地不知地之厚、饮于江海而不知江海之深来类比孔子学识之高深，不仅作出了圆满的解释，而且赞美了孔子的伟大。

　　由此可见，对于一些难以回答或不好开口的问题，采用迂回打岔的方式最好不过。用不咸不淡的对答跟对方打太极，仿佛拳头打在了棉花上，虽是作了回答却也并无实质意义。

［第8章］
真情实意：赞美的话要好好说

人人都喜欢被赞美。美国的社会活动家曾推出了一条原则："给人一个好名声"。如果你能以诚挚的敬意和真心实意的赞扬满足他人，那么他人可能会变得更愉快、更通情达理、更乐于协力合作。

物极必反，要把控好赞美的尺度

世间没有绝对的对错好坏，凡事能够把分寸拿捏得好，就是一种智慧。在夸赞别人这个问题上同样存在分寸拿捏不同，后果也不同的现象。如果赞美得当，那就是一种美德，但是不得当的赞美成为阿谀，难免遭人轻视。把握赞美的分寸十分重要。

赞美能赢得友谊。赞美如花香，芬芳而怡人，能以赞美之言予人者，必得人缘，所以与人相处，最重要的就是赞美。尤其当一个人灰心的时候，一句鼓励的话，能令他绝处逢生；当别人失望的时候，一句赞美的话，能使他重见光明。要想获得友谊，诚心地赞美别人，必定能如愿。

阿谀会遭人轻视。做人要"日行一善"，其实日行一善并不难，赞美别人也是一善。但赞美不同于阿谀，阿谀是一种虚伪的奉承，所谓"好阿谀则是非之心起"，所以做人宁容谏诤之友，勿交阿谀之人，被人批评不可怕，受人阿谀才可畏。有的人赞美不当，成了逢迎拍马、阿谀奉承，受人轻视，因此做人不要阿谀谄媚，也要避免不当的赞美。

赞美和阿谀最大的区别在于出发点不同。赞美一般是符合客观实际情况的，而阿谀往往是夸大其词。在日常交际中，要多一些真心诚意的赞美，少一些阿谀，这样最终会给你带来好名声。

正确赞美不掺假

被人赞美是令人喜悦的事情。正确的赞美，能使人感到人际的理解，领略到人世间的温暖，并产生赞美者与被赞美者之间的良好心灵交流。

但并不是所有的赞美都能产生心灵上的良好交流。虚情假意的赞美、言过其实的赞美、迫不得已的赞美和明褒暗贬的赞美，不但不能使被赞美者获得真心的愉悦，还会造成人际相处的障碍。良好的赞美一般都具有下列特点：

1. 诚心诚意

我们之所以赞美别人，是因为我们觉得别人有值得赞美的地方，而赞美本身也是自己对别人钦佩和羡慕的表示。尽管赞美本身具有改善人际关系的功能，但这种功能只是赞美的副产品，而不是目的本身。如果把它当作是唯一目的，就可能产生虚假的赞美。比如别人穿了一件新衣服，你觉得很美，就应该称赞这件衣服漂亮，这种赞美是诚心诚意的。如果你并不认为这件衣服漂亮，为了讨好对方，故意说它美不可言，这就是虚伪客套了。至于逢迎献媚式的赞美，那就更不应该了。

2. 恰如其分

假如你有个朋友取得了某项成就，你说："真不容易。"他听了会感到高兴，因为你肯定他做出别人没有做出的贡献。倘若你说这是一项"划时代的伟大贡献""揭开了某某领域的新篇章""是一座里程碑"，那就会使被赞扬的人感到不舒服，甚至还会引起误解，认为你是借此来讽刺他。实际上，你也许丝毫没有冷嘲热讽的意思。为什么会产生这种错觉？就是因为你的赞美不够恰如其分。

3. "明暗"并举

所谓"明"，是指当面赞美；所谓"暗"，是指背后赞美。当面赞美是需要的，但背后赞美更不能少。因为不为人知的赞美，往往是出于真心且不含任何条件的。当它传到被赞美者耳中时，对方所获得的心理好感，比当面赞美无疑多得多。只有当面赞美，没有背后赞美，这样的赞美动机恐怕有些不纯。如果当面赞美别人，背后又说别人坏话，这就属于人品有问题了。

4. "大小"并重

所谓"大"是指突出的优点和长处；所谓"小"是指微不足道的优点和长处。赞美前者的必要性比较容易理解，对小优点、小长处进行赞美，有些人就认为没有必要。其实，在现实生活中，一个人不可能经常做出令人刮目相看的业绩；人生乐章中，蕴含最多的，往往是平缓柔和的音符。所以，我们不应对平凡小事视若无睹。只要是好事，尽管它微不足道，你也应当赞美几句。在愉悦的心理满足中，被赞美者的行为也就得到了强化，对你的好感也会增加。当然，这里赞美的程度应当适度，小题大做也会使人觉得有失真诚。

5. 不含揶揄

在某公司办公室里，平时总是甲职员来得最早，扫地、擦桌子和打开水。有一天乙职员来得比甲早，主动做了甲做的事。甲来了就说："你今天来得真早，难得难得！"这句话的毛病在于，前一句话似乎在赞美别人，后一句话却又似乎在揶揄别人。如果两人关系不是太密切，这样的赞美就收不到良好的效果了。如果换句话说："你今天来得真早，吃饭了吗？"这就既赞美了别人，又含有关心之意，使人听了感到很舒服。

称赞他人的时候，请不要提及会让赞赏打折扣的旁枝末节。请紧紧围绕赞赏这一主旨，主要谈论对方的成绩。

不要多此一举地指出，可能是某些外界因素让这一成功轻而易举。比如，"这的确是令人可喜可贺的成绩，不过各方面的条件都这么有利，怎么也能取得好成绩……"

还要小心另外一种错误的观念，即以为打了折扣的赞赏会更真实可信，更有分量。

不要自作聪明地指点同伴，怎样做会更好，哪怕是生活小事。比如："您做的菜味道真好，哪一样都不错，就是汤里的盐多了一点……"这种打折扣式赞美不仅破坏了赞扬的效果，还有可能成为引起激烈争论的导火索。

有时你必须对某项工作做一次全面的总结和评论，这样一来，赞赏和批评就不可避免地联系在一起。

在这种情况下，你也没有必要把优秀成绩打折，请把总结中的批评当作与赞赏相对立的独立部分。

别让对方的谦虚削弱了赞赏的作用。有些人很少受到表扬，所以听到别人称赞他时会不知所措；还有些人在收到称赞的时候想要表明，取得优秀的成绩对他来说是家常便饭。这两种人面对赞赏的反应几乎一模一样："这不算什么特别的事，这是应该的，是我的分内事。"

听到对方这种回答的时候，你不要一声不响，此时的沉默表示你同意他的话，就好像对他说："是啊，你说得对，我为什么要表扬你呢，我收回刚才的话。"

你应该再次称赞他，强调你认为这是值得赞赏的事，请你重复一次对他哪些方面的成绩特别看重，以及你为什么认为他表现出众。

赞美的学问

赞美他人也需讲究方法，若在赞美别人时，不掌握一定的技巧，不审时度势，即便是真诚的赞美，也不会达到预想的结局。

赞美的方法很多，现在就常用的几种方法分述一下。

1. 直言夸奖法

夸奖是赞美的同义词。直言表白自己对他人的羡慕，这是平常用得最多的方法。老朋友见面说："啊！你今天精神真好啊！"年轻的妻子边帮丈夫整理领带边说："你今天看上去气色好多了。"一句平常的体贴话，一句出自内心的由衷赞美，会让人一天精神愉悦，信心倍增。

2. 反向赞美法

指责与挑剔，每个人都难以接受。把指责变成赞美，看来是难以想象的，能真正做到更是不易，但企业家洛克菲勒做到了。

洛克菲勒是位很具吸引力的企业家，使许多有才能的人团结在他周围。一次，公司职员艾德华·贝佛处置工作失当，在南非做错一宗买卖，损失了100万美元。洛克菲勒知道后没有指责贝佛，事情已经发生了，指责又有何用？他于是找了些可以称赞的事，恭贺贝佛幸而保全了他所投金额的60%。贝佛感激万分，从此更努力地为公司效力。

3. 意外赞美法

出乎意料的赞美，会令人惊喜。因为赞美的内容出乎对方意料，会大大引起对方的好感。卡耐基在《人性的弱点》中写了一个他曾经历过的故事。

一天，他去邮局寄挂号信，办事员服务态度很差，特别不耐烦。当卡耐基把信件递给他称重时，说："真希望我也有你这样美丽的头发。"闻听此言，办事员惊讶地看了看卡耐基，接着，脸上露出微笑，态度变得热情多了。

4. 肯定赞美法

人人都有渴望赞美的心理需求，在一些特定的场合上更是如此，例如，在报上发表了文章，成功地完成了论文，苦心钻研多年的项目通过了鉴定等，都希望得到别人的肯定。这时，不失时机给予真诚的赞美会使被赞美者高兴万分。

5. 目标赞美法

在赞美别人时，为他树立一个目标，往往能让他坚定信念，为这一目标而奋斗。

足球教练文斯·伦巴迪是一位富有传奇色彩的人物。在训练队伍时，他发现一个叫杰里·克雷默的小伙子思维敏捷、球路较多。他非常看好这个小伙子。一天，他轻轻地拍拍杰里·克雷默的肩膀说："有一天，你会成为国家足球队的最佳后卫。"克雷默后来真的成了国家足球队主力队员。他后来回忆说："伦巴迪鼓励我的那句话对我的一生产生了巨大的影响。"

理解欣赏，嫉妒抨击不可取

我们每个人都希望自己在各个方面都能胜人一筹，然而，实际上这永远只能是一个梦想。一些心理素质不高的人，每当面对别人的优点与成绩时，往往禁不住妒火中烧，很难坦然地面对与欣赏。在这些人眼里，办事能力强变成了爱出风头，你好心好意去帮他，他私下里还担心你无事献殷勤——非奸即盗。于是，这些人对待他人优点与成绩的态度也是要么不屑一顾，要么再恶劣点儿，实行打击、报复。

每个人都有自己的优点和成绩，都希望获得别人的肯定与赞美。有些优点和长处是与生俱来的。比如某人长得漂亮，智商很高，等。因此，对于别人优点与长处的肯定不仅不会贬低自己，而且可以使旁人从中认识到你所具备的优良素质，从而获得他人的称赞。

面对他人的成绩，我们首先应该懂得，成绩是他人的勤劳加汗水所赢得的，我们应该坦然地欣赏他人的劳动成果，并予以肯定。与此同时，检讨自己，虚心请教，学习他人的勤奋向上的精神。主动请教别人向你传授学习工作的要领，不仅是对他人成绩的一种高度的赞扬，而且也可以督促自己继续前进。既有利于你技术水平的提高，也有利于你处世水平的提高。这岂不是一举两得的事情，你又何乐而不为呢？

要坦然地欣赏别人的优点和成绩，还需要相当的自信和勇气。

在日常生活中，我们经常遇到别人比自己强的情形，而赞美之词却怎么也说不出口，主要是因为缺乏自信心，觉得自己不如对方，于是心理失衡，没有勇气为对方喝彩。要么觉得"不好意思"；要么认为自己与之相比，结果昭然自明，不用多此一举；要么觉得自己人微言轻，赞美了也不会引起重视，还害怕会引起非议，被人误解为是溜须拍马。结果，不仅失去了一次坦然欣赏别人优点与长处的机会，也失掉了一次抛弃自卑与胆怯心理的机会。

[第9章]
委婉含蓄：批评的话要好好说

批评是我们常用的一种教育手段，但有些人的批评简直让他人无地自容，下不了台。其实，这种批评方式不但无法达到让他人改正错误的目的，还有碍于人际关系的畅通。既然如此，为何还要使用这种"残酷"的手段呢？在生活和工作中，我们不可能没有批评，但要学会巧妙地批评，让他人既能意识到自己的错误，又能尽快改正，同时也能理解你善意批评的意图，使他内心对你心存感激。

先入为主不可取

　　常听有人在争执时说："这都是你个人的成见！"所谓成见，就是定型的看法，就是先入为主的执着，即使是错误的，也不肯更改。一件事情，往好处去看，倒也罢了；往坏处想，把好的事情用成见定为坏事，把好人用成见定为坏人，则是不应该的。

　　成见好像茶杯里有了毒素、杂质，即使倒入再清净的水，也不能饮用；成见好像田地里的荆棘、杂草，即使播撒再好的种子，也妨碍其成长。有成见的人，通常自己不肯承认，不肯更改，更不肯放弃成见。

　　有些人喜欢戴着有色眼镜看人看事，因此看不到真相，看不清事实。有成见的人，自以为是，自以为了不起，其实他是幼稚、愚痴、无知的。有先入为主的看法，哪怕是错误的，只要能改，也不可怕；如果一再固执成见，成为执着之病，那么有见解倒不如无见解。放弃成见，凡事用客观的态度看待，不必预设立场。"是"，就还给它一个"是"的本来面目；"非"，就还给它一个"非"的真相。唯有消除成见，去除执拗，才能认清真相，拥有真心。

幽默的批评是有效的批评

幽默式批评就是在批评过程中，使用含有哲理的故事、双关语、形象的比喻等，缓解受批评者的紧张情绪，启发受批评者思考，增进相互间的感情交流。幽默式批评在于启发、调动被批评对象积极思考。它以幽默的方式点到批评对象的要害之处，含而不露，令人回味无穷。但是，使用幽默式批评不要牵强附会，生拉硬扯，否则，将适得其反，给人一种画蛇添足之感。

这里举一个例子来说明何谓幽默式批评。课堂上很乱，有的学生说笑，有的学生睡觉，有的学生眼观窗外。上课的老师突然停下了讲课，语重心长地对大家说："如果坐在中间谈笑的几个同学能像那位观看窗外景色的同学那样安静，就会让前面睡觉的两位女同学睡得更香甜了。"此言一出引起哄堂大笑，那几位被点到的同学的笑容里则带有羞愧之色。

幽默能使人感到亲切，使气氛变得轻松，即便是批评，也没有那么难以接受。

幽默不是天生的，是可以培养的。再呆板的人，只要努力都能逐渐变得幽默起来。美国前总统里根以前也不是幽默的人，在竞选总统时，别人给他提出了意见。于是他采用了最笨的办法使自己幽默起来：每天背诵一篇幽默故事。

但是要注意，幽默式批评不是讽刺，讽刺别人会使人厌恶，甚至产生对抗心理。

怎样批评孩子

没有人永远正确，更别说一个孩子。当孩子犯了错误，家长要如何对待呢？

请先看一位父亲讲述的真实的教子故事。

一天夜里，妻子推醒我低声发颤地说："今天派出所找过我，咱家的小壮和几个同学在假期里偷过几家商店。""真的？"我大吃一惊。"他们说，已找过小壮和他的同学，他们也承认了。"

"啊！"我怒火中烧，真想立刻冲到小壮的房间，狠狠地揍他一顿。但理智占了上风，我极力控制住自己的情绪。小壮刚12岁，还是个孩子，是初犯，如能通过批评教育及时正确引导，比打一顿的效果会更好。于是，我嘱咐妻子：一、在他哥哥面前只字不提，以防兄弟间发生口角时揭他的短，刺伤他的自尊心；二、此事由你先对小壮谈，我暂时回避，日后找机会再跟他谈；三、对小壮的批评重在正面引导，体贴他，温暖他，切勿用冷言恶语刺激他，更不能打骂。

三天后的一个中午，我提前下班，小壮也第一个放学回家。我把刚收到的一份《法制报》递给他，上面登有一段关于"少年犯"的文章。等他看罢，我趁热打铁，从一条小虫毁了一条大船谈起，谈到盗窃者的心理，今天偷一元，明天想偷十元，日后就会犯更大的错误……小壮听得认真，不断地点头，但这次我未触及他的事。

十天后，派出所把小壮盗窃挥霍掉的东西折款245元责令退赔。我从妻子那里得知，小壮为此很着急。因为他清楚去年家里已经欠下一笔债，目前也没有多余的钱，他怎能不着急呢？我认为跟小壮直接面谈的时候到了。晚上，我单独和他直截了当地提起此事。先讲了如何做人，遵纪守法的道理，最后说："尽管咱家很困难，但这245元，就是借，也要替你赔上，但有两条你必须记住：一、吸取教训，从此坚决不干这种事；二、必须抓紧学习，各方面严格要求自己。小壮听后，痛哭流涕，并保证道："爸爸，您放心，我再也不干坏事了。"

此后，小壮真的变了，到了期末，还拿回家一张奖状。

确实，批评孩子也是一门艺术。

每个人都会犯错，可是只有孩子犯了错更容易招致批评。

为什么呢？

因为孩子常犯错？不对！

因为孩子小不懂事情，容易犯错？不对！

因为我们父母的眼光总是跟随着孩子的身影。

是啊！孩子所有的行为举止基本上都不能逃脱父母的掌控。一不留神在地上摔倒了，母亲就会说："怎么这么不小心！"如果考试成绩不理想，就会有声音响起："你看看，怎么考得这么差？"倘若不小心丢了东西，就会有个声音说："你怎么搞的，总是丢三落四的？"

对于刚遭受了一个打击的孩子，还没有从难过、委屈、痛苦甚至耻辱的情绪中走出来，往往就紧跟着一阵暴风雨式的批评，心中甚觉不快，可也没有什么办法。只能默默地忍受，胆大的或许会顶几句嘴，但这更会招来痛骂，实在委屈了也许会抽泣一下。哦！这下可更不得了，父母又会嚷着："哭什么哭！有什么好哭的！"

您有没有想过，为什么您从早到晚总是不停地批评？为什么常常会对同样的问题进行批评？难道就只是因为孩子不听话？不懂事？毛病太多？您有没有想过，为什么您的批评不管用？

1. 批评情绪化

一旦孩子出现过失的时候，家长的表现通常是情绪激动，脸色发青，念念有词，眼睛发直，声音分贝高，语言速度快，一阵狂风暴雨，真可谓酣畅淋漓！好了，说完了，骂完了，心里也痛快了，也平衡点了。而当家长大费口舌的时候，大多孩子心里算计的却是："现在是骂到一半了！""再忍耐一下，就快骂完了！"家长在呵斥孩子的时候会突然停下来问："你听明白没有？"孩子马上反射性地说："听明白了！""记住了没有？""记住了！""以后还犯不犯？""不犯了！"这时候如此痛快敷衍的对话只是为了早点结束这场暴风雨。如果有摄像机，看看自己的表情和表现，可以说是不堪入目啊！

很多孩子要不就是已经把家长反复叨唠的话死记在脑子里，要不就是根本就不知道你说过什么，只知道一点：我错了，所以你骂我！就连错误带来的愧疚、不安也随着批评的咆哮声而烟消云散了。因为他们很明白一点，骂完了一般也就没事了！孩子唯一能做的和感兴趣的事就是等待，等待这番责备的结束！最后的结果就是口服心不服，你骂你的，我做我的。

您能指望这种更多带着个人情绪化的宣泄，主观的批评有多大作用呢？其实，很多时候，沉默远比这样的批评更有效。

批评的目的是让孩子认识到自己的问题，理解和接受正确的建议，并在行动中改正。作为对一次过失的批评应该是非常理性的。在这个过程中，发点脾气难免，发点牢骚也能接受，发泄就有失分寸了。

试想，这样的一种情绪如何博得孩子的尊重，如何使孩子信服，又如何能让孩子听从呢？

2. 批评泛滥化

有时候，我们的家长在批评孩子的时候，声音慷慨激昂，语速飞快，大脑活跃，思维跳跃，联想丰富，上纲上线。比如本来就是个打了碗的事情，就能从这件事联想起从前丢钥匙、丢钱、丢面子，还能扯到打架、看电视、玩游戏，等等，总之，只要能想起来的事就可以像电影镜头一样重放。真可谓，旁征博引，引经据典，直说得孩子眼皮一翻，嘴角一撇，脖子一扭，脑袋一低，心想：您爱说啥说啥吧！也不嫌口渴？哼！

批评要有针对性，对当前的问题有什么说什么，就事论事就好了，而绝不可责备这次过失，连带以前老账也一并算上。这种把"陈年老账"重提的做法只会让孩子对家长感到厌烦、讨厌和憎恶，而且由于其他事情拉扯得太多，冲淡了当前主题，主要矛盾就容易被弱化和忽视。

试想，这样令孩子怀恨又游离主题的批评怎么可能有利于问题的解决？

3. 批评简单化

很多时候，孩子犯错后，家长往往是该批评的时候不批评，不该批评的时候乱批评。很多家长都遇到过孩子赖床的现象，往往是一边催促，一边数落，而孩子却把这当作是背景噪音，根本没有起到批评的作用。因为孩子很清楚一点，如果走着上学会迟到的话，家长一定会有办法让孩子按时到学校的，有车可以送，没车可以打车啊！

这类情况有很多，就是家长只对现象做批评，而没有采取实际有效的解决办法。

4. 批评急躁化

有许多时候是这样的，孩子甚至还没意识到错误即将或已经来临，还不能深刻意识和认识到错误能带来什么样的后果，我们的家长却已经急不可耐，气不打一处来，通常是眼到、口到，甚至手也到了。

人犯错是正常的，而第一次经历某些事情的时候犯错更是正常的！但家长却没有给孩子足够的时间和空间去体验错误、尝试挫折，孩子甚至都不知道犯了什么错，批评和责备就已经接踵而至。这种急于求成、急功近利、急躁冒进的批评，往往扼杀了孩子的创造力，限制了孩子的发展。

为什么有很多孩子对学习缺乏兴趣呢？就是可能由于家长在学习活动中过早干涉、过多介入、琐碎品评、莫名批评，导致孩子对学习产生了恐惧、厌倦和逆反的心理。

事实上，在孩子开始接触新的事物的时候，由于认识不深、准备不足，行为表现不太合理，出了偏差和错误也在情理之中。这时候孩子需要的是帮助，而不是批评！

第一次错了可以理解，第二次错了可以原谅，再错就不能容忍了。在这个时候进行批评是合理的！我很喜欢一句话，"态度决定一切"，错误频频出现就是由于态度的问题而产生的。所以批评是针对态度的，不是对事情本身的。批评是针对重犯和再犯的，要给错误出现一次的机会。但是我们的家长往往表现在孩子首犯时就批评，这会让孩子感觉很委屈！

而当错误和问题再次出现后，比如不理想的成绩单拿回来后，家长不是心平气和地与孩子一起分析原因，更多是对成绩本身进行埋怨，为自己的不满向孩子发泄，而这种盲目的批评是很不利于孩子接受和改正的。

那么，作为家长，如何批评孩子呢？

1. 正面引导

有些家长批评起孩子，张口闭口总是否定性语言："你真没出息""你真不争气""你真丢人"等等，有的极尽挖苦讽刺之言。应该简明扼要抓住要害，严肃认真地指出错误后，用肯定的语言，如"你是有出息的""肯定会争气"等，给予正确的引导，指明出路。任何批评，其根本目的不仅在于抑制孩子的过错行为，更重要的在于激发起孩子好的行为。不用冷言恶语刺激孩子，而是加以引导、指明出路，才是十分明智的。

2. 尊重人格

孩子有过错，理应批评，但其人格应受到尊重。批评应对事不对人，孩子和大人，被批评者和批评者，人格应该平等，正是基于这一点，才能严肃认真又心平气顺地对待孩子。批评可以严肃，甚至严厉，但这用多了便失效。

3. 避免当众批评

有的父母误认为当着他人的面数落一下孩子，会增强批评效果，殊不知，这样做最大的弊病是伤害了孩子的自尊心。前面提到小壮的父亲批评孩子选择了单独进行，这是极可取的。

4. 看准时机

孩子一旦有错，通常要及时批评。"你等着，晚上爸爸回来见！"这策略是一种失误。您想，本是上午的事，到晚上再批评，这中间孩子还要干好多事，那错事也许淡忘了。当然，所谓及时批评也应视年龄特点及错误性质有个时间跨度，要抓住时机"冷处理"。既抓准了时机，又不失为及时。

5. 要坚持就事论事，点到为止

批评孩子不要唠唠叨叨，没完没了。有些家长一遇到孩子犯错，就气不打一处来，往往倾盆大雨，把昔日陈谷子烂芝麻的事一股脑抖出来，搞"扩大化"，数落得孩子一无是处，这就会使他们产生自卑感，难以增强改正缺点的信心。其实，今天发生的事未必与昨天前天的事有关联，即使有关联也不应"算总账"。我们要就事论事，不要无限外延。这种批评看起来似乎有点简单化，三言两语而可作罢，但它符合孩子思想单纯的心理特征，往往能使他们消除对待批评的抵制意识，这样才有利于轻装前进。

6. 相互配合

孩子有了过错，爸爸批，妈妈护，岂不效果相互抵消，何谈教育？当然，父母对孩子的批评方式可有差别，但必须口径一致，配合默契。

爱之深，不等于责之切

"爱之深，责之切""不打不成器"并不完全适合当代社会。孩子在受到困扰或有难题时，更需要你的呵护而不是责骂。适当给孩子松绑，给孩子空间去尝试与犯错。宽容和理解孩子是最重要的。

坎斯是一个小学生，这一天他跟同学到河边玩，不小心跌倒，掉进了河沟里。同伴奋力救他，而他自己也费了九牛二虎之力，才逃出来。他带着全身污泥回到家，经过客厅，到浴室去洗澡。此时父亲回家，看见客厅的地板很脏，到了浴室，发现门外一堆脏衣服，父亲愤怒地大骂。这是他一贯的态度。原来父亲只注意房间的整洁、孩子衣物的干净。孩子伤心地哭着说："爸爸，你知道这是怎么一回事吗？"孩子继续说，"其实我最想要的是您过来安慰我，问我害不害怕，甚至抱着我。可是您没有，您只重视您自己的房子，忽略我的感受。以后我有什么事都不会告诉您的！"

男性从小被教导要坚强、勇敢、有泪不轻弹。当他成为父亲时，则又被教导工作、打拼、坚强、解决问题；母亲则是温暖、爱心、持家、全心照顾子女。所以爸爸们刚强似铁。他们在孩子的心目中，是一位"称职的严父"或"负责任的严父"。

这种传统观念，多少使人们产生误解，让许多父亲为了负责赚钱养家，整天在外头奔忙，难得回家吃顿饭；即使在家，亲子之间也少有温暖的对话，更别奢望共同嬉玩了。我们看到，母亲抚育孩子动作那么自然而又亲情流露，但年轻的父亲却不知该如何抱孩子、喂养孩子。这样的结果是父亲与孩子关系疏离，父亲成为一个"冷酷无情的父亲"。

有些父母会提出似是而非的理由，让自己放任情绪，对孩子施加语言或肢体暴力，或其他不合理的管教方式。的确，跟孩子相处不只需要技巧，更需要态度、人格的成熟。父母的不成熟，父母的忙碌，父母的心情烦闷，情绪不稳定，都可能会"侮辱孩子"。孩子的行为当然要约束或调整，但是要讲究方法或要领。父母应随时调整自己的情绪，以最佳状态处理孩子的错误行为。在情绪不稳定之前，先离开现场，或暂时不说话。唯有整理好自己，让自己的情绪稳定，能以完全宁静的态度对待孩子，教育才会是正确的。

不过，需要注意，当孩子长大，到了青少年时，不必再耳提面命，以免让孩子觉得你很唠叨。例如，当孩子要出门时，一句"祝你玩得愉快"胜过数十句的叮咛。孩子回家时，一句"欢迎你回来"胜过数十句的"打听式关怀"的问话。若孩子需要注意安全，可以列一张"安全须知"给他随身携带。若孩子有话要详谈，只要气氛对，心情好，他就会主动找你聊天，细说出门在外的甘与苦。

批评形式的变化

许多年以前，一个10岁的小男孩在工厂里做工。他一直喜欢唱歌，梦想当一个歌星，但他的第一位老师却不但没给他鼓励，反而使他泄气。他说："你不适宜唱歌，你根本五音不全，简直就像风在吹百叶窗一样。"

他的母亲，一位穷苦的农妇却不以为然，她搂着自己的孩子，激励他说："孩子，你能唱歌，你一定能把歌唱好。瞧你现在已经有了很大进步。"她节省下每一分钱，给她的儿子用来上音乐课。母亲的嘉许，给了孩子无穷的力量，也从此改变了他的一生。他成为了那个时代最伟大、最知名的歌剧演唱家。

假如在这个小男孩的童年，只有那位老师的无情打击，没有母亲的激励与赞许，这个世界上也许就失去了一位著名的歌剧演唱家。

生活中，少一分指责，多一些嘉许，不仅令事情做起来得心应手，也给予对方愉悦的心情，何乐而不为呢？

我们不应当怀着自己的私心或对事物不感兴趣，就对他人的行为采取贬低或嫌弃的态度。也许就是那一句微不足道的激励，给了那些需要动力的人无穷的力量，给那些身处逆境的人奋斗的信心。谁又能小视它呢？

我们在指出别人的缺点时，可能因为和对方意思相违而伤害到对方，又可能因对方态度蛮横伤及自己，这时，我们需要用赞美的话语做中和剂，令对方反驳不是，发怒也不是，批评得有理有据，令其平和地接受。

首先要设想一个限度，否则你的忠告也许会适得其反。当你指出别人的缺点时，必须先认识到人类的脆弱及不完美，且保持着自我反省的心态和与对方一同背负过失的谦虚态度，让对方发觉自身缺点和错误。其次，为了免于引起对方的逆反心理，最好事先准备些称赞的话，在批评他人之前，先将这副"灵丹妙药"给对方服下，然后再转入正题。当对方因你指出的缺点而感到难过和难以接受时，表扬就起了很大的中和作用。

某部门主管一大早见到他的女秘书，便夸她，"你昨天拟的那份报告很好，我很喜欢。"那位女秘书听了受宠若惊，很高兴。这位主管又不急不忙地接着说："要是今后打字的时候多加注意，不要有错别字就更好了。"

这位主管的方法值得效仿。就像一种很苦的药丸，外面裹上糖衣，先让人感到甜味，容易一下子吞到肚里。于是药物进入肠胃，药性再发生作用。病人既不会感到药苦，难以下咽，又把病治好了。如果主管直截了当地指出，"以后注意错别字"，那位女秘书可能会觉得羞愧、难过，难以接受，或者还要争辩几句。这样，对秘书的规劝就失去了效果，还可能引起下属的不满，令双方不愉快。

良药未必苦口，批评也要讲究方法。不顾时间、地点、对方心理，直截了当、劈头盖脸的一阵冷言恶语，达不到批评的目的，反而会适得其反。学会和风细雨地指出别人的错误和缺点，好处多多！

最佳批评法

我们在批评的语言上要学会采取最能打动人心的方式,针对被批评者的特点,从最佳的角度出发来进行有效的批评。下面就介绍几种最佳的批评方法。

1. 批评前先作表扬

批评需要营造适宜的氛围,在冷冰冰的气氛里很难收到良好的批评效果。如果在批评之前先表示对对方某一长处的赞赏,肯定对方的价值,满足其某种心理需要,那么就能够制造出较好的气氛,一方面削弱批评本身让人难以接受的程度,另一方面也使被批评者不致产生逆反心理。

2. 变个体称谓为群体称谓

改变称谓,就是故意模糊具体的犯错误者,通过对某种群体性错误行为的评析,使犯错误的人明白自己的错误。

任何人都有自尊心,而直截了当地批评则很容易触痛别人的自尊心,这时别人虽然明白了自己行为的错误,但感情上却难以接受,甚至会让感性冲破理性的约束,与批评者顶撞起来。针对这种心理,我们可以使用暗指式批评方法,故意模糊犯错误的具体对象,转而通过评析某种错误行为或错误现象来使对方渐渐意识到自己的错误,这样对方就容易接受了。

3. 把态度蕴涵在感受上

在批评时不公开自己对某件事结果的态度,只从个人的角度出发表明自己的感受,将褒贬蕴藏于中性的评述之中。

有时候，碍于所处的场合或被批评对象的面子，批评者虽然胸怀块垒，不吐不快，但却不便以过于直白的方式进行表达。这时候，批评者可以模糊自己的态度，只把自己的话语作为个人感受的抒发，而将批评之意蕴藏在貌似中性的话语之中，既不破坏特定场合的气氛，又能够使批评对象领会自己的意图，并引起所有在场者的思考。

4. 把批评寓于鼓励之中

我们都知道寓教于乐是说把教育和道理在游戏或是取乐中表现出来传授给对方，那么把批评寓于鼓励之中这种方法就是在批评中指出别人潜在的优势，表明他有能力做好事情或改正错误，给对方以鼓励和信心。

一个人犯了错误受到批评，对当事人而言既是一段痛苦的经历，又是一次对信心的打击，很容易使他对错误耿耿于怀，对个人的能力产生根本性的怀疑。我们在批评犯错者时，主要目的当然是指出错误令其改正，但同时注意不要挫伤对方的自信心和积极性，不但不要挫伤，相反，我们在批评时还应恰到好处地指出对方的潜在优势，以此调动他的自信心和积极性，使其以积极的心态改正错误，继续前进。

在一个书法培训班上，有一位学员的起点很低，特别在运笔方面总是犯低级错误。他对比别人，感到很沮丧。培训班的老师知道了他的情况，并没有责怪他起点太低或练习不勤，而是对他说："你的书法天赋不错，对于书法的艺术感觉是可以的，虽然在运笔方面还有些欠缺，但这是初学者都会犯的毛病，多练习几遍，多注意一下就好了。"那位学员听了老师的话，认识到自己的错误其实并不是很难改正的，于是对练习书法又充满了信心，运笔的毛病也慢慢改好了。

谁都不愿犯错，可是在学习、工作和生活中，因为能力、经验、阅历等诸多方面的不足，犯错总是在所难免的。对于这类错误，我们应当像上例中的书法教师一样，采用激励式的批评法，指出犯错者身上的潜在优势，打消他对个人能力的怀疑。

5. 在批评的同时帮别人找出犯错误的原因

批评本身不是目的而是手段，在指出他人错误的基础上，能真正帮对方改正错误，更好地开展学习与工作才是最终的目的。这一方面要求批评者应肯定对方以往的工作成绩，不能因批评而打击对方的信心，另一方面还要尽量帮助对方分析犯错误的原因，为其提供切实可行的解决办法。只有这样做，犯错者才能够更好地恢复信心，更快地返回正常的学习和工作轨道。

6. 用建议的方式提出批评

这种方法是指，以建议的方式向对方提出正确的做法，从而否定对方的不正确的行为。

"意见"和"建议"两词的区别就在于前者是否定性的，而后者是建设性的，相比之下，人们更容易接受建议而不是意见。建设性的批评可以削弱批评中的否定性因素，营造出良好的解决问题、改进大家工作的气氛，在这样的气氛中，被批评者既没有从批评中感受到太多不快，又自然而然地放弃了原先不正确的做法。

某家具厂常年生产木质家具，工厂的墙上到处贴着"禁止吸烟"的标语。有一天，工人李某憋不住烟瘾，在厂区内抽起来了。这时，恰巧被厂长看见了。李某惊恐万分，以为这下厂长要狠狠地批评他了，不料，厂长走到李某面前，拍拍他的肩膀，然后说："年轻人，我建议你把烟拿到外面去抽。这样，工厂的安全措施就更加落实了。"李某感到出乎意料，愉快地接受了厂长的批评。

在上例中，厂长成功地采用了建议式的批评方法。正当李某因害怕被狠狠批评而承受巨大心理压力时，厂长并没有直接批评他的错误行为以及这种行为可能带来的严重后果，而是用建议的方式为小李提供了另外可供选择的行为方式，使小李自然地认识到自己的错误，愉快地接受了批评。

7. 用潜台词指出对方的错误

这种方法是指，故意不把话说得太明白，利用潜台词指出别人的错误，让其认识到自己的不足。

许多人之所以做出错误的行动，并不是因为他不懂得这行动本身的违法、违规或不道德性，而是因为一时被种种不良的念头所驱使，导致自己做出了在理性状态下不太可能做出的错事。遇到这种情况时，批评者往往没有必要再去重申那些人人皆知的大道理，只需采用含蓄的方式，暗示对方正在忽略最为基本的道德尺度和法律法规，使之从贪婪的念头中惊醒过来，从而自觉地放弃错误的行动。

某工厂沈某，是一位集邮爱好者。有一次，他到厂收发室取信，突然看到他人的信封上贴着一枚精美的纪念邮票，而这枚邮票又恰恰是自己缺少的。于是，他趁别人不注意的时候，想拿回去撕下这枚邮票。这时，沈某的举动被刚刚入门的收发员看到了。收发员轻轻地咳嗽一声说："小沈！咱们可都是学过法的。"小沈听后，脸一红，立刻把那封信放回原处。

在上面的例子中，集邮迷小沈其实并不是不知道他做的是一件违法的事，只是他对邮票太痴迷了，一时被贪婪的念头所支配，于是做出了在正常情况下不会做的错事。收发员根据小沈的具体情况，并没有对他作过多的正面批评，而是用含蓄的话题点他，使他很快醒悟过来，放弃了错误的行动。

8. 把昔日的成绩和现在的不足对比

先谈别人过去的成就，再谈他的现状，从今昔的对比中含蓄地提出批评。

有些人之所以学习或工作上停滞不前，甚至下滑不止，是因为他过度满足于已有成绩所带来的荣耀和安逸，打不起精神来继续奋发，超越既往。对于这一类人，我们可以采用委婉的表述方式谈一谈他们过去曾有的成绩和辉煌，再谈一谈眼下的无所作为，黯淡无光，通过强调前后的反差来含蓄地提出批评，让对方意识到自己此时的处境和肩上的责任，重新振作起来。

剧作家曹禺曾收到过一封批评信件，是画家黄永玉写的，其中大意是说：他的才华从一片海洋萎缩成一条小溪。此言令曹禺大为感慨，于是将信裱成条幅，悬于客厅。

曹禺曾写出《雷雨》《日出》等名剧，而后却长时间在艺术上止步不前，没有新的突破。画家黄永玉充分考虑到了曹禺作为戏剧界老前辈的地位，没有采用直接的批评方式，而是写给他一封含蓄的信，暗示他早年与现今在艺术建树上的强烈反差，使曹禺感受到强烈的触动，从而达到了批评的效果。

9. 用对未来的引导来暗示教训的深刻

这种方法就是指避而不谈对方的错误，着眼未来，表明自己相信对方，能够改正自己的错误。

当事人犯了错误，就像长出疮疤的病人，最忌讳别人津津乐道他的痛处，批评者过多地纠缠于错误本身及其后果只会让他厌烦痛苦，丧失信心，甚至于怀着破罐破摔的心态进行顶撞。既然错误已经过去，倒不如既往不咎，引导犯错者着眼未来，为做好明天的事情而吸取教训，细心准备。

一家玩具店的老板，因待人宽厚而备受员工的拥戴。有一次，员工汤米因马虎而毁掉了近百件玩具手枪，害怕得不得了。正当他准备迎接老板的厉声斥责时，老板却安静地走过来，拍了拍他的肩膀说："汤米，你不用担心我会辞退你，既然事故已经发生了，那么我并不打算追究你的责任，让我们一起从现在这一分钟开始，想一想下面的工作该怎样完成吧！"汤米听罢，万分惭愧地低下了头。

员工汤米在工作上犯了错误，这错误的性质及其后果他是非常清楚的，因此老板并没有过多地强调错误的危害性，而是采取了既往不咎的宽容姿态，引导汤米着眼于未来更繁重的工作和更重大的责任。相信汤米在接受了这样的批评之后，一定会在将来的工作中有令人满意的表现。

[第 10 章]
巧妙说"不"：拒绝的话要好好说

有个伟人说过，世间最难的事就在于对他人说"不"。在面对他人的要求时，我们常常会陷入两难的境地：如果拒绝他人，担心得罪对方，万一以后自己有事求人家，别人可能不给面子；答应了，就会违反自己的原则，使自己陷入左右为难的境地。其实，只要掌握了拒绝他人的说话艺术，就能避免这种两难境地，完美地把事情处理好。

真心实意地拒绝

当你的同事向你提出要求时，他心中通常也会有某些困扰或担忧，担心你会不会马上拒绝，担心你会不会给他脸色看。

因此，在你决定拒绝之前，首先要注意倾听他的诉说。比较好的办法是，请对方把处境与需要讲得更清楚一些，自己才知道如何帮助他。接着，向他表示你了解他的难处，若是你处于同样的境地，也一定会如此。

倾听能让对方有被尊重的感觉，在你婉转地表明自己拒绝的立场时，也能降低他受伤害的程度，或避免让人觉得你在应付。如果你的拒绝是因为工作负荷过重，倾听可以让你清楚地界定对方的要求是不是你分内的工作，而且是否包含在自己目前重点工作范围内。也许你仔细听了他的意见后，会发现协助他有助于提升自己的工作能力与经验。这时候，在做好目前工作的前提下，牺牲一点自己的休闲时间来协助对方，对自己的职业生涯是有帮助的。

倾听的另一个好处是，你虽然拒绝他，却可以针对他的情况，建议他如何取得适当的解决方法。若是能提出有效的建议或替代方案，对方一样会感激你，甚至在你的指引下找到更适当的支援，达到事半功倍的效果。

拒绝时除了可以提出替代建议，隔一段时间还要主动关心对方的情况。有时候拒绝是一个漫长的过程，对方会不定时提出同样的要求。若能化被动为主动地关怀对方，并让对方了解自己的苦衷与立场，可以减少拒绝的尴尬与不良影响。拒绝除了需要技巧，更需要发自内心的耐性与关怀。若只是敷衍了事，对方其实能看得出来。这样会让人觉得你不是个诚恳的人，对人际关系伤害很大。

　　总之，只要你是真心地说"不"，对方一定会体谅你的苦衷。

关键的时刻，要大胆地说"不"

社交中，我们常会遇到一些人的无理请求，若想既把"不"字说出口，又能不得罪人，确实是一种难事，甚至是一种奢求，因此我们面对某些人的无理取闹，特别是面对时弊陋习，务必旗帜鲜明，断然予以拒绝，大胆把"不"说出口。

美国第27任总统塔夫脱曾讲过这样一个发生在他身边的故事。

有一位居住在华盛顿的妇人，她的丈夫有些政治势力，她要求我为她的儿子安插一个职位。她不断地向我提出请求，而且还托两院中的几位议员帮她说话。可是，她要求给她儿子的是一个充任总统秘书而且专司咨询两院议事的职位，这个职位只有具有一定专业知识的人才能胜任，她的儿子实在胜任不了这个职务，所以后来我另外派了一个人去接任。这样一来，她就感到大大的失望，立刻给我写来一封信，说我不懂人情世故，说她曾努力劝说某一州的代表，让他们赞同我提出的某一项重要法案，她对我这样帮忙，而我仅需举手之力，就可以完成她的心愿。

我接到她的信，把这封信先搁置了两天，然后再取出来平心静气地写回信。我对她表示了同情，说做母亲遇到了这样的事，当然是十分失望。再说关于用人是不能完全由我做主的，因为技术人才，我只能听该部门领导的推荐，最后说了说她的儿子在现在这个岗位上一样可以干得很好。这一封信总算使她冷静了下来，过后她又给了我一封短札，说明前信所言很抱歉。

我所委派的人并没有马上就去接任，所以过了几天，我又接到了一封她丈夫署名的信，但是，笔迹完全和前封信一样。这封信中说他的妻子为了儿子职位的事而忧闷成疾，医生诊断，恐怕是一种很严重的胃病。如果要使她健康恢复，最好把前次委任的那个人撤回而另行改为她的儿子。

因此，我又给她丈夫回了一封信，信中说希望医生的诊断有误，同时，再同情他为了夫人的病而忧戚。至于撤回前次所委派的人，那是在朝令夕改，实际上是不可能的。

此事不久，我委任的人就到任了。又过了两天，我在白宫中开了一个音乐会，第一对到会的客人，就是那位妇人和她的丈夫。

案例中的塔夫脱一连三次拒绝，每次在拒绝上都义正词严，而对于之外的话题则给予了妇人很大的同情和理解，所以他们在事情过后，仍能保持良好甚至是更好的交往关系。这无疑得益于塔夫脱对这件事得当的处理方法和简洁而不乏情意的拒绝之词。因此，我们在社交中拒绝某些事时，不要为了拒绝而说一大堆理由，有些事不行就是不行，简明说出理由，然后不乏情义地拒绝它，才是上上之策。

有人说，如果你想真正了解一个人，就请注意他拒绝别人时的样子，这是一个人的全部。"不"不仅体现一个人的性情，也诠释了一个人做人的标准，在该说"不"的时候大胆把"不"说出口，是一种境界。

讲究说"不"的策略

说话讲究策略，说"不"更要有策略，否则"拒绝"二字将给你的生活增添不少麻烦。

有一个乐师，被熟人邀请到某夜总会乐队工作。乐师嫌薪水低，打算立即拒绝，但想起以往受过对方照顾，不便断然拒绝，便心生一计，先说些笑话，然后一本正经地说：

"如果能使夜总会生意兴隆，即使奉献生命，在下也在所不辞。"

此时，夜总会老板自然还是一副笑脸，乐师抓住机会立刻板起面孔说：

"你觉得什么地方好笑？我知道你笑我。你看扁我，不尊重我，这次协议不用再提，再见。"这样，乐师假装生气，转身便走，老板却不知该如何待他，虽生悔意，但为时已晚。

在生活中，面对不喜欢的对象，要出其不意地敲他一下，以便打退对方。若缺乏机会，不妨参照上例，制造机会，先使对方兴高采烈，然后趁对方缺乏心理准备，脸仍在笑嘻嘻时，找到借口及时退出，达到拒绝的目的。

一位名叫金六郎的青年去拜访本田宗一郎，想把一块地产卖给他。本田宗一郎很认真地听着金六郎的讲话，只是暂时没有发言。本田宗一郎听完金六郎的陈述后，并没有做出"买"或者"不买"的直接回答，而是在桌子上拿起一些类似纤维的东西给金六郎看，并说：

"你知道这是什么东西吗？"

"不知道。"金六朗回答。

"这是一种新发现的材料，我想用它来做本田宗一郎汽车的外壳。"本田宗一郎详详细细地向金六郎讲述了一遍，共讲了15分钟之久。谈论了这种新型汽车制造材料的来历和好处，又诚诚恳恳地讲了他对明年汽车计划何种新的设计。这些内容使得金六郎摸不着头脑，但感到十分愉快。

在本田宗一郎送走金六郎时，才顺便说了一句，他不想买他的那块地。如果本田宗一郎一开始就将自己的想法告诉金六郎，金六郎一定会问个究竟，并想方设法劝说本田宗一郎，让他买下这块地。本田宗一郎不直接言明的理由正是如此，他不想与金六郎为此争辩什么。拒绝对方的提议时，最好采用毫不触及话题具体内容的抽象说法。

拒绝的话要委婉地说

若别人有求于你，而你出于各种原因不能提供帮助，又不好直说"不行""办不到"，怕因此伤害对方的自尊心；若对方提出一些看法，你不同意，既不想讲违心之言，又不愿直接反驳对方；若你看不惯对方的行为，既想透露内心的真情，又不愿意表达得太直露，以免刺激对方，要想处理好上述社交经常出现的情况，就要在社交活动中学会巧妙委婉地拒绝，根据不同的情境说"不"。

1. 假托直言

直言是对人信任的表现，也是与对方关系密切的标志。但是多数情况下直言因逆耳而不能收到预期的效果。在这种情况下，要拒绝、制止或反对对方的某些要求、行为时，可假托由于非个人的原因作为借口从而加以拒绝，这样对方就容易接受。例如，某报社的推销员登门要求你订阅他们发行的报纸，可你不想订阅。你可以很有礼貌地说："谢谢。你们的服务很周到，可是我家已经订阅了其他几家报社的报纸了，请谅解。"

2. 反复申诉

当别人侵犯了你的权利时，你要维护自己的权利，既坚持你所需要的东西而不生气，也不急躁或高声喊叫，要学会在一种冲突的情境中，有效地反复表达你的意见。例如，你到商店去买东西，由于购物的人多，售货员少找给你10元钱。你向售货员提出，售货员因记不清而引起了纠纷。这时你要以一种平静而重复的声音诉说是如何少找给你钱的，直到问题得到解决。下面这段店员和买主的对话就是一个很好的例子。

买主：小姐，你少找给我10元钱。

店员：不会吧，我们总是一手交钱，一手付货。

买主：我相信你们总是这样做的，可是你确实少找给我10元钱。

店员：你有发货票吗？

买主：有，你看，就是差了10元钱。

店员：你在这里买的是两双儿童的靴子。

买主：不错，你再算算，就是差10元钱。

店员：你看过你的衣袋没有？你是不是掉在哪儿了？

买主：不会的，我没动地方。我衣袋里再没有钱了。

店员：现在没法结算，快闭店时我们结账，你来一趟好吗？

买主：好，我相信您一定会找到。

3. 模糊应对

如果由于某种原因不愿意或不便于把自己的真实想法说给对方，这时可以用模糊语言来应对。例如，在医院里，一位患有严重疾患的病人问医生："我的病是不是很重，还有康复的希望吗？"

医生回答："你的病确实不轻，但是经过治疗，安心养病，慢慢会好的。"

这里的"慢慢会好"是模糊语言。这"慢慢"是多久，是说不清的，但给病人以希望，对病人是一个极大的安慰。

4. 热情应对

明确表示你希望满足对方的要求，并表示同情，可是实际上是心有余而力不足，请对方谅解，而不直接拒绝。这样也能收到良好的效果。例如，客户要求电信局安装市内住宅电话，由于供不应求，无法一一满足，但又不能拒绝客户的要求。回答时，应表示同情，并热情地说："满足客户的要求是我们应尽的责任，可是由于目前线路短缺，还不能全部解决，我们正创造条件，请您耐心等待。"

5．旁逸斜出

对于对方提出的问题给予回避性的回答，而不直接否定对方提出的不合己意的问题。比如你的同学问你，某某小说写得很不错，你认为怎样？

你可以这样回答，还可以，不过我更喜欢某作家的某一本小说。

再如，星期天你的妻子说："今天我们去看话剧好吗？"而你不愿去，可以说："去看电影怎么样？"这种回答不会引起对方的反感，对方可能会同意你的意见。

谢绝他人的技巧

大家也许都曾因为怕直接拒绝别人，让自己难为情，让别人很尴尬而勉强接受或同意某些事。这无疑是给自己增加了很多压力和分外之事，如果不想被动当"老好人"，下面这些技巧也许可以帮助你礼貌又不失优雅地拒绝别人。

1. 非个人原因的谢绝

对人说"不"，最困难的就是在不便说出真实的原因时又找不到可信而合理的借口，那么，不妨在别人身上动动脑筋，比如借口你的家人方面的原因。

2. 情非得已的谢绝

当有人真心请求你的帮助时，在力所能及的范围内，应该尽量给予帮助。但碰上实在无能为力的事，你无法给予对方帮助时，也不要急于把"不"字说出口，不要使对方感觉到你丝毫没有帮助他解决困难的诚意，否则，你在别人眼中会是一个自私而缺乏同情心的人。保险公司的小李是处理协调客户赔偿要求事务的，小李的工作决定了他要经常地拒绝客户的要求。然而，他总是对客户的要求表示同情，并解释说，从道义上讲他同意对方的要求，可自己实在是心有余而力不足。由于拒绝得法，小李的工作做得很出色。同样，当别人有求于你而你又无能为力时，先不忙着拒绝他，而要耐心地倾听他的陈述，对他所处的困境表示同情，甚至可以给他提些建议，最后告诉他，你实在无法帮他，对方绝不会因此而生气，反而会被你的诚意所感动。

3．通过诱导对方来谢绝

诱导对方，即当别人向你提出不合理的要求时，不要简单地拒绝他，而应该让他明白他的要求是多么不合适，从而自愿放弃它。一位业绩卓著的室内设计师声称，对于用户的不合实际的设想，他从不直截了当地说"不行"，而是竭力引导他们同意他希望他们做的事情。

一位妇女想用一种不合适的花布料做窗帘。这位设计师提议道："你真是给了我们一种新的设计思维，不过让我们来看看你希望窗帘布置达到什么效果。"接着，他大谈什么样的布料做窗帘才能与现代装饰达成最好的和谐，很快，那位妇女便把自己的花布料忘了。

4．不假思索地谢绝

一位热情奔放的老妇人决定与年轻的女邻居交朋友，她发出邀请："欣迪，你明天上午到我家来玩，好吗？"

欣迪脸上露出温和宽厚的笑容说："谢谢了，但不行啊！因为明天，我还有事呢。"她的拒绝既友好又温情，但态度又是那么坚决，老妇人只好作罢。所以，当别人的请求你无法满足，就迅速做出反应，友善、真诚地谢绝他，不留任何回旋的余地。

高明的推辞之言

有这样一个小故事。

有一天，帕夏把智者召来，对他说："智者，你的智慧，大家都知道，我任命你担任本城的法官。"这个智者对这个差事不感兴趣，就回答说："伟大的帕夏，这个职务我不能胜任。"帕夏问："为什么呢？"智者答道："如果我说的是真话，那就不应任命我为法官；如果我是撒谎，难道就任命一个撒谎的人当法官吗？"

这位谨慎的智者实际上是不想做本城的法官，他说的"这个职务我不能胜任"不管是否谦虚，其逻辑判断显示的是不能担任；如果他在撒谎，那么一个撒谎的人也不能当法官。于是，从两边挟制，得出"我不能担任"的结论，轻松推辞了帕夏的邀请。

在日常的交际活动中，特别是身处职场中，你一定经常遇到这样的问题：一位同事突然开口，让你帮他做一项难度很高的工作。答应下来，可能要连续几个晚上加班才能完成，而且这也不符合公司的规定；拒绝，面子上实在抹不开，毕竟是多年的同事了。应该怎么找一个既不会得罪同事又能把这项工作顺利推出去的理由呢？

有人会直接对同事说："不行，就是不行！"这绝对不是最佳的选择，可能会让你和同事以后连朋友都没得做。有人会推托说："我能力不够，其实小A更适合。"那你有没有想过当同事把你这番话说给小A听时，他会做何反应？有人会不好意思地说："我真的忙不过来。"理由不错，可是只能用一次，第二次再用时，你面对的一定是同事疑惑的眼光。这些好像都不是最佳的拒绝理由，那到底该怎样婉转地拒绝办公室中的不合理请求呢？下面提供一些方法。

当你仔细倾听了同事的要求，并认为自己应该拒绝的时候，说"不"的态度必须是温和而坚定的。委婉表达拒绝，也比直接说"不"让人容易接受。例如，当对方的要求不合公司或部门规定时，你就要委婉地表达自己的工作权限，并暗示他如果自己帮了这个忙，就超出了自己的工作范围，违反了公司的有关规定。在自己工作已经排满而爱莫能助的前提下，要让他清楚自己工作的先后顺序，轻重缓急，并暗示他如果帮他这个忙，会耽误自己正在进行的工作，会对公司与自己产生较大的不良影响。一般来说，同事听你这么说，一定不会再勉强你，转而想其他办法。

用回答拒绝别人

一个会回答的人，绝不是问什么就答什么，也不是怎么问就怎么答，他总是力图运用答问技巧，掌握主动，既答得好，又答得巧。

1. 以问代答的技巧

物理学家法拉第有一次在大庭广众下做电磁学的实验。实验刚结束，忽然有人站起来高声责问："这有什么用呢？"法拉第看了一下提问者反问说："请问，新生婴儿有什么用呢？"

此例中，提问者暴露了他对科学的无知，而法拉第的以问代答则隐含着对提问者在科学上缺乏预见的嘲弄。

2. 怪问怪答的技巧

有时提问者出于多种原因，会提出一些刁钻古怪的问题，此时就应发挥创造性思维，跳出正常思维模式，他问得怪，你也可以答得怪。

1935年在巴黎大学的博士论文答辩会上，主考人向年轻的中国留学生陆侃如提出了一个奇怪的问题："《孔雀东南飞》这首诗里，为什么不说'孔雀西北飞呢？'"陆应声而答："西北有高楼。"

陆侃如引用了我国古诗名句"西北有高楼，上与浮云齐"，孔雀自然飞不过去，只好向东南飞去了。真是问得怪，答得也怪，令人捧腹叫绝。

3. 委婉回答的技巧

回答时，碍于面子或其他原因，不便直言其意时，巧妙利用"弦外之音"，委婉地回答。

作家王尔德在未成名时很贫穷，有一个贵族想聘请他当家庭教师，在谈到食住条件时，贵族问他是否愿意和他的家人共同进餐，王尔德回答说："那全看进餐时懂不懂礼貌了。"

虽没正面做出回答，但实质上则委婉地表明了王尔德的潜在顾虑——看贵族的家人是否会尊重自己。